U0515098

2021年
中国保险行业
人力资源报告

Report of Human Resource in China
Insurance Industry 2021

中国保险行业协会 编

中国财经出版传媒集团

经济科学出版社
Economic Science Press

图书在版编目（CIP）数据

2021 年中国保险行业人力资源报告/中国保险行业
协会编．—北京：经济科学出版社，2022.7
ISBN 978 - 7 - 5218 - 3898 - 5

Ⅰ．①2… Ⅱ．①中… Ⅲ．①保险业 - 人力资源 - 研
究报告 - 中国 - 2021 Ⅳ．①F842

中国版本图书馆 CIP 数据核字（2022）第 138321 号

责任编辑：于 源 李 林
责任校对：李 建
责任印制：范 艳

2021 年中国保险行业人力资源报告
中国保险行业协会 编
经济科学出版社出版、发行 新华书店经销
社址：北京市海淀区阜成路甲 28 号 邮编：100142
总编部电话：010 - 88191217 发行部电话：010 - 88191522
网址：www. esp. com. cn
电子邮箱：esp@ esp. com. cn
天猫网店：经济科学出版社旗舰店
网址：http：//jjkxcbs. tmall. com
北京鑫海金澳胶印有限公司印装
880×1230 16 开 13.25 印张 230000 字
2022 年 8 月第 1 版 2022 年 8 月第 1 次印刷
ISBN 978 - 7 - 5218 - 3898 - 5 定价：128.00 元
（图书出现印装问题，本社负责调换。电话：010 - 88191510）
（版权所有 侵权必究 打击盗版 举报热线：010 - 88191661
QQ：2242791300 营销中心电话：010 - 88191537
电子邮箱：dbts@ esp. com. cn）

《2021 年中国保险行业协会人力资源报告》
编委会名单

编 委 会 主 任 于　华

编委会副主任 董路君　季正荣　李欣

编 委 会 委 员（以姓氏笔划为序）

王练文　王振宇　王绪瑾　王霄鹏　田振华

刘　鹏　刘培桂　李　伟　吴朝雷　张勇清

陈　辉　陈　新　罗朝晖　胡景平　顾　华

陶存文　霍晓娟

主　　　　　编 董路君

副 　主 　编 龚贵仙　孟　楠

编 写 组 成 员（以姓氏笔划为序）

于昊元　万　鑫　王雅楠　文哂倩

艾丽雅　陈晓庆　金　京　黄恺骅

2021 年是国家"十四五"的开局之年，保险行业在高质量发展方针的指导下，市场主体不断丰富，市场规模显著扩容。截至 2021 年末，我国保险业共有法人机构 235 家，共实现保费收入 4.49 万亿元，总资产共计 24.9 万亿元，提供保险金额 12146.2 万亿元，全行业赔付支出 1.56 万亿元，至今已经连续四年保持全球第二大保险市场地位，境外保险机构在我国设立了 66 家外资保险机构，在华外资保险公司总资产达 2 万亿元。

保险业始终坚持以人民为中心的发展理念，积极构建新发展格局、服务经济循环流转和产业关联畅通，助力国内经济一体化建设，不断提升对外开放水平，充分发挥经济补偿与资金融通功能，深度参与社会治理：一是积极参与健全多层次社会保障体系建设。深度参与医疗服务和养老体系建设，大病保险覆盖 12.2 亿城乡居民；助力企业年金发展，推出税优健康险、税延养老险等试点；二是助力国家重大战略项目建设。保险资金发挥长期投资优势，积极参与长江经济带建设、粤港澳大湾区建设、京津冀协同发展等项目；三是推动农村改革。农业保险不断扩面、增品、提标，为农业生产提供风险保障 4.78 万亿元。

2021 年也是新冠肺炎疫情暴发后的第二年，保险行业为支持疫情防控和企业复苏持续发力，不断深化行业改革创新，日益完善体制机制，持续扩大对外开放，全球影响力显著增强。2021 年保险行业出台多项改革政策：制定完善重疾险、意外险、互联网人身保险等领域监管制度；专属商业养老保险试点政策落地实施，养老保险公司积极探索创新产品、服务和管理机制；车险综合改革稳步推进，农业保险领域改革深入推进，车险"降价、增保"目标效果显现，市场乱象得到规范。

一方面，在后疫情时代保险业面临的竞争环境更为复杂、不确定性增强；另一方面"十四五"规划提及的健全多层次社会保障体系、保证人民生命安全、深化农村改革等多项举措，为保险行业发展指出了明确的方向，未来保险业依旧是挑战与机遇并存。

然而，高素质人才是保险行业发展的主要驱动力，保险行业从业者由"十二五"期间的 400 万人增长至 2021 年的 800 余万人，企业间对于优秀人才的竞争日趋激烈。如何有力争夺各职能领域的专业人才，持续提升队伍的综合能力素质，充分培养全体员工的使命感、归属感和调动其主动性、创造性，为企业带来新的养分，仍是行业未来发展的关键。

在此背景下，中国保险业协会立足于行业全局，组织开展了人力资源管理现状的问卷和专题访谈调研。协会着眼于行业人力资源管理热门议题、关键挑战、能力提升和转型升级等方面，通过对保险行业关键人力资源数据进行历史、现状和趋势的分析，对保险行业关注的热点问题和人力资源管理面临的挑战进行研究，对行业优秀的人力资源管理实践进行探讨，并在此基础上结合行业发展趋势提出中国保险行业人力资源发展系数，分层次、分维度地反映保险行业人力资源的发展动态，撰写了《2021 年中国保险行业人力资源报告》。本次调研共收集到保险行业从业者调查问卷超过 21 万份，保险机构及地方协会调研问卷共 140 份，组织专题访谈 6 次，集数据分析、实践案例和趋势分析于一体。本书既是对过去行业实践成果的总结，也期望能为未来实践提供一定的指引，为全行业人力资源管理策略和实践提供真实、有效的数据借鉴和参考。

水积而鱼聚，木茂而鸟集。希望本书能帮助中国保险业经营主体优化人才生态建设，更好地识才、爱才、用才，推动人才高质量发展，拥抱行业崭新未来。

目录

第1章　概　述

第 1.1 节　概 要 说 明

1.1.1　编写背景

近五年来，中国保险行业正逐步经历从规模增长到价值成长的过程，保险机构经营管理模式不断优化，向高质量发展阶段稳步迈进，服务经济社会发展能力显著增强。

2015 年，保险行业实现保费收入 2.4 万亿元，以 20% 的同比增速创下了自 2008 年以来增速的最高纪录，并且一跃成为全球第三大保险市场。业务结构不断优化，寿险新单期缴业务同比增长 41.3%，其中长期期缴业务同比增长 16.8%，业务内含价值不断提高；责任保险、农业保险、健康保险快速增长，增速分别为 19.2%、15.1%、51.9%。[①]

2016 年，保险行业实现保费收入 3.1 万亿元，同比增速 27.5%，保险市场保持强劲增长势头，助实体、惠民生能力明显提升。保障属性较强的普通寿险、健康险分别实现 55.34% 和 67.71% 的增速，与国计民生密切相关的农业保险、责任保险保持良好发展势头，保费收入分别增长 11.42% 和 20.04%。2016 年 8 月，中国保监会发布《中国保险业发展"十三五"规划纲要》（以下简称《纲要》），《纲要》明确了"十三五"时期我国保险业的指导思想、发展目标、重点任务和政策措施，是"十三五"时期保险业科学发展的重要蓝图，对保险业深化改革和服务国家发展战略提出了很高的要求。2016 年，在险资举牌引发争议的背景下，保监会提出要全面落实"保险业姓保、保监会姓监"要求，正确把握保险业的定位和发展方向。

2017 年，保险行业实现保费收入 3.66 万亿元，同比增速 18.2%。业务结构持续调整，行业转型成效初显，普通寿险规模保费占人身险业务比重为 47.2%，较上年提升 11.1 个百分点，非车险业务同比增长 24.21%，高于车险增速 14.17 个百

---

　① 　资料来源：中国银保监会统计数据。

分点，占比 28.65%，同比上升 2.41 个百分点。2017 年保险业监管力度持续加强，4 月出台的 "1 + 4" 系列文件标志着我国保险行业新一轮防范风险、加强监管、规范市场的开始。《关于规范人身保险公司产品开发设计行为的通知》与《偿二代二期工程建设方案》的正式发布更是进一步加大了保险业供给侧结构性改革的力度。

随着 "保险姓保" 定位逐步明确以及一系列监管文件出台，2018 年保险行业正式进入转型期。2018 年，保险行业实现原保费收入 3.8 万亿元，同比增速 3.92%；赔付和给付支出 1.2 万亿元，同比增长 9.99%；保险行业总资产 18.3 万亿元，较年初增长 9.97%。保险行业发展速度 2018 年首次放缓，其中 2018 年寿险业务共实现原保费收入 2.07 万亿元，同比下降 3.42%，为 2014 ~ 2018 年以来首次负增长；2018 年财产保险原保费收入 1.08 万亿元，同比增速 9.51%，但增速低于 2014 ~ 2017 年的平均增速 12%[①]。

2019 年保险业全年累计原保费收入 4.26 万亿元，同比增长 12.1%；其中财产险行业原保费收入 1.16 万亿元，同比增长 8.1%；人身险行业原保费收入 3.1 万亿元，同比增长 13.7%。伴随投资市场逐渐回暖，保险业总资产同比增长 12.18%，为 20.56 亿元。面对 "保险姓保" 价值要求和保费增长的市场变化，保险公司面临着公司战略和产品结构的转型。随着保险市场人口红利和制度红利效果的逐渐衰减，保险营销员增员难度加大。自 2014 年保代考试以来中国营销员总人数按约 20% 的年复合增长率实现快速增长，但是从 2019 年开始营销员总人数增速明显放缓，营销员行业内部流动大于新增发展人数。人身险公司银保渠道继续推进价值转型，银保渠道期交产品占比不断提升。个险渠道在以往 "大进大出要队伍人数" 的环境下推进内部优化提升，通过优化内勤人员配置和完善营销员培训体系等一系列措施提升队伍质量，向管理机制要效能。截至 2019 年底，中国市场新车销量连续 17 个月下降，同比降幅约为 9%。由于车险规模下降且 2019 年整体费用投入上升，保险公司综合成本不断提高，行业整体综合成本率约为 101.6%。由于车险发展对净利润形成较大压力，各公司纷纷拥抱非车险，非车险市场中专业互联网保险公司竞争优势明显，根据中国保险行业协会发布的《2014 ~ 2019 年互联网财险市场分析报告》，众安保险、泰康在线、易安保险和安心财险四家专业互联网保险公司均位列互联网非车险保费收入前十名，合计保费收入约 81 亿元，占互联网非车

---

① 资料来源：中国银保监会统计数据。

险市场的 35%，但互联网车险销售在 2019 年首次出现负增长。保险科技的发展推动业务流程和内容的变革，从销售到运营等关键岗位都已经有不同程度的应用，不同的岗位都需要适应全新的工作内容和工作方式。

2020 年保险业全年累计原保费收入 4.53 万亿元，同比增长 6.3%，其中财产险行业原保费收入 1.19 万亿元，同比增长 2.6%；人身险行业原保费收入 3.3 万亿元，同比增长 6.5%。保险业总资产持续快速增长，达到 23.3 亿元，同比增长 13.33%。2020 年的新冠肺炎疫情使得保险的风险管理作用得到了有效发挥，促使保险业积极进行数字化转型，提高运营模式的数字化能力、提升线上业务的开展能力。疫情提升了人们的健康意识，激发了人们对于购买健康险的需求，2020 年商业医疗保险销售额较 2019 年也有较大幅度增长。

2020 年 2 月 15 日，在国务院应对新型冠状病毒感染肺炎疫情联防联控机制新闻发布会上，银保监会副主席梁涛表示"继续严格贯彻党中央、国务院决策部署，按照坚定信心、同舟共济、科学防治、精准施策的要求，引导金融机构进一步落实相关政策，发挥银行信贷、保险保障的各方合力，以战时思维全力以赴做好金融服务，为疫情防控和经济社会平稳发展、社会和谐稳定作出更大贡献"。从宏观角度来看，疫情之后，我们国家面临的主要挑战是复工复产、重振经济，保险业将会进一步发挥社会发展的"稳定器"、经济增长的"助推器"作用，通过保险公司的大数据积累和风险管理经验，与政府、医疗机构联动，共同参与突发公共卫生事件响应机制、风险预防、患者权益保障、医疗结费等领域建设。保险业长期向好的发展态势不会改变，民众对于健康风险防范的意识不会改变，持续重视风险管理的方向不会改变。

为深入了解保险市场及人力资源管理环境的变化，进一步提升保险行业人力资源的管理水平，为中国保险市场建设与"十四五"战略规划相匹配的人力资源管理机制，中国保险行业协会组织开展了《2021 年中国保险行业人力资源报告》的编撰工作。今年是报告编撰发行的第七年，本书充分结合保险行业整体在调整阵痛期后的业务结构优化和行业发展趋势，同时也充分关注人力资源的相关政策和实践的行业变化。2021 年报告调研方式主要包括问卷调研、个案调研和访谈调研，希望通过各个主题的研究能够具有代表性地反映保险行业的变化。依托丰富全面的数据分析、典型案例解析和部分代表性公司访谈等方式，力争在保证数据真实全面的基础上，对保险行业的未来发展起到一定的探索意义。

1.1.2 主要内容及特点

《2021 年中国保险行业人力资源报告》内容分为 4 章。

第 1 章是调研报告概述，内容包括编写背景、主要内容及特点、研究意义、参与调研公司和参与调研从业者情况，并对相关定义和概念进行解释说明。

第 2 章讨论了保险行业及人力资源发展动态，包括 2020 年中国保险行业发展概况和保险行业人力资源发展趋势汇总。

第 3 章和第 4 章主要反映了 2020 年中国保险行业人力资源发展情况。以调研报告编写组所收集的 2020 年一手调研数据为基础，主要包括中国保险行业人力资源发展指数、保险公司员工结构、岗位体系、人才供给、人才流动、薪酬管理与中长期激励、绩效管理、经营效能与人力成本、员工开发、从业者文化驱动力与价值观、营销员（含代理人）调研、保险科技人员管理实践、精算人员管理实践、高级管理人员管理实践、地方协会人力资源管理等 15 个方面的数据分析及案例研究。

总体来说，2021 年报告秉承前四年报告的主体结构，与保险行业总体业务及政策相结合，综合展现保险公司和保险行业从业者的人力资源现状，并在数据口径维度、人才细分领域和样本数量与质量等三个方面持续有所改进。

2021 年报告充分听取会员单位针对上一年报告的各项反馈，对不同模块内的关键人力资源政策、核心业务指标、典型考核指标和激励工具等各方面都进行了更新和补充。同时对于部分相似年份之间变化不大的指标进行了精简，对于人力资源从业者关注的相关政策和指标进行了进一步细化，希望在保险行业人力资源从业者的实际日常工作中能够起到参考和借鉴作用。

2021 年报告在样本数据的数量和质量上也有所改进，夯实了调研基础。2021 年参与人力资源问卷调研的保险公司共计 121 家，较 2020 年增加了 14 家；参与从业者问卷调研的人数为 212526 名，基本与 2020 年持平，覆盖了来自不同类型公司、专业序列、年龄、学历的从业者。

1.1.3 研究意义

由中国保险行业协会主持的中国保险行业人力资源调研，追踪行业动态和热点，对行业人力资源现状进行全方位摸底，以最权威的数据分析为行业人才发展提供数据洞察和管理借鉴。报告自发布以来，诸多读者都表示报告数据与分析内容具有值得肯定的借鉴意义。《2021 年中国保险行业人力资源报告》在延续过去大量的一手数据、成功实践案例等特点的基础上，加入保险行业实地调研中人力资源工作者反馈的人力资源管理难题和中国保险业转型过程中的问题与挑战，从而为各公司、研究机构、从业人员和关心保险行业的群体提供参考。

对于各保险公司和研究机构而言，2021 年报告不仅描述了 2020 年保险行业人力资源管理的情况和未来趋势，同时可以为人力资源管理者提供具有市场意义的对标数据和关键人才的管理实践，为保险行业人力资源从业者探究保险行业人力资源发展的趋势和规律提供参考。

对于保险行业的从业人员而言，2021 年报告既展示了行业发展动态与人力资源的整体情况，也反映了当今保险行业正在关心的热门话题和核心人才的概况，在帮助从业人员了解行业趋势与人才需求、开阔宏观视野的同时，明确自身职业定位，积极规划职业生涯发展，实现自我价值的提升。

对于其他关心保险行业的群体，报告提供了保险行业的人才储备与需求总览，希望进入保险行业的人员可以针对目前稀缺的关键岗位以及员工流动、薪酬等情况，主动学习和积累技能，获取职业优势，作出更合理的选择。同时，报告所展现的保险行业良好发展态势也使保险行业树立积极行业形象与品牌影响力。

第 1.2 节　数据来源

1.2.1　保险机构访谈调研

参与人力资源管理者及专业部门管理者访谈的 6 家公司分别是：大家人寿保险股份有限公司、富德生命人寿保险股份有限公司、美亚财产保险有限公司、信泰人寿保险股份有限公司、友邦人寿保险有限公司、中宏人寿保险有限公司。

其中，大家人寿保险股份有限公司作为人才队伍建设的代表；富德生命人寿保险股份有限公司作为组织架构改革的代表；美亚财产保险有限公司作为多元文化团队的代表；信泰人寿保险股份有限公司作为人力资源管理体系的代表；友邦人寿保险有限公司作为人才吸引的代表；中宏人寿作为人才发展体系的代表。

1.2.2 保险机构问卷调研

2021 年参与人力资源问卷调研的保险公司 121 家，地方保险协会 19 家。2021 年参与人力资源问卷调研的保险公司详见表 1 – 1。

表 1 – 1 中国保险行业人力资源问卷参与公司

单位名称	单位简称	单位类别
大家保险集团有限责任公司	大家保险集团	集团
富德保险控股股份有限公司	富德保险控股	控股
华泰保险集团股份有限公司	华泰集团	集团
阳光保险集团股份有限公司	阳光集团	集团
中国平安保险（集团）股份有限公司	平安集团	集团
中国人寿保险（集团）公司	国寿集团	集团
中国太平保险集团有限责任公司	太平集团	集团
爱和谊日生同和财产保险（中国）有限公司	爱和谊日生同和（中国）	财产险
安诚财产保险股份有限公司	安诚财险	财产险
安达保险有限公司	安达保险	财产险
安华农业保险股份有限公司	安华农险	农业险
安盛天平财产保险股份有限公司	安盛天平	财产险
安心财产保险有限责任公司	安心财险	财产险
太平洋安信农业保险股份有限公司	太平洋安信农保	农业险
北部湾财产保险股份有限公司	北部湾保险	财产险
渤海财产保险股份有限公司	渤海财险	财产险
诚泰财产保险股份有限公司	诚泰保险	财产险
鼎和财产保险股份有限公司	鼎和保险	财产险
东海航运保险股份有限公司	东海航运	财产险
东京海上日动火灾保险（中国）有限公司	东京海上日动（中国）	财产险
都邦财产保险股份有限公司	都邦财险	财产险
富邦财产保险有限公司	富邦财险	财产险
富德财产保险股份有限公司	富德产险	财产险
国任财产保险股份有限公司	国任保险	财产险
国泰财产保险有限责任公司	国泰产险	财产险

续表

单位名称	单位简称	单位类别
海峡金桥财产保险股份有限公司	海峡保险	财产险
恒邦财产保险股份有限公司	恒邦保险	财产险
华安财产保险股份有限公司	华安保险	财产险
华海财产保险股份有限公司	华海财险	财产险
华泰财产保险有限公司	华泰财险	财产险
黄河财产保险股份有限公司	黄河财险	财产险
利宝保险有限公司	利宝保险	财产险
美亚财产保险有限公司	美亚保险	财产险
日本财产保险（中国）有限公司	日本财险（中国）	财产险
三星财产保险（中国）有限公司	三星财险	财产险
太平科技保险股份有限公司	太平科技保险	财产险
新疆前海联合财产保险股份有限公司	前海财险	财产险
亚太财产保险有限公司	亚太财险	财产险
阳光财产保险股份有限公司	阳光产险	财产险
阳光农业相互保险公司	阳光农险	农业险
易安财产保险股份有限公司	易安财险	财产险
英大泰和财产保险股份有限公司	英大财险	财产险
长安责任保险股份有限公司	长安责任保险	责任险
浙商财产保险股份有限公司	浙商保险	财产险
中国平安财产保险股份有限公司	平安产险	财产险
中国人民财产保险股份有限公司	人保财险	财产险
中国太平洋财产保险股份有限公司	太保产险	财产险
中国铁路财产保险自保有限公司	铁路自保	财产险
中航安盟财产保险有限公司	中航安盟	财产险
中路财产保险股份有限公司	中路保险	财产险
中煤财产保险股份有限公司	中煤保险	财产险
中原农业保险股份有限公司	中原农险	农业险
珠峰财产保险股份有限公司	珠峰保险	财产险
紫金财产保险股份有限公司	紫金保险	财产险
北大方正人寿保险有限公司	北大方正人寿	人身险
北京人寿保险股份有限公司	北京人寿	人身险

续表

单位名称	单位简称	单位类别
渤海人寿保险股份有限公司	渤海人寿	人身险
鼎诚人寿保险股份有限公司	鼎诚人寿	人身险
大家人寿保险股份有限公司	大家人寿	人身险
大家养老保险股份有限公司	大家养老	养老险
德华安顾人寿保险有限公司	德华安顾人寿	人身险
东吴人寿保险股份有限公司	东吴人寿	人身险
复星保德信人寿保险有限公司	复星保德信人寿	人身险
富德生命人寿保险股份有限公司	富德生命人寿	人身险
工银安盛人寿保险有限公司	工银安盛人寿	人身险
国宝人寿保险股份有限公司	国宝人寿	人身险
国富人寿保险股份有限公司	国富人寿	人身险
国华人寿保险股份有限公司	国华人寿	人身险
海保人寿保险股份有限公司	海保人寿	人身险
合众人寿保险股份有限公司	合众人寿	人身险
和泰人寿保险股份有限公司	和泰人寿	人身险
恒安标准人寿保险有限公司	恒安标准人寿	人身险
恒大人寿保险有限公司	恒大人寿	人身险
弘康人寿保险股份有限公司	弘康人寿	人身险
汇丰人寿保险有限公司	汇丰人寿	人身险
财信吉祥人寿保险股份有限公司	财信吉祥人寿	人身险
君龙人寿保险有限公司	君龙人寿	人身险
利安人寿保险股份有限公司	利安人寿	人身险
民生人寿保险股份有限公司	民生保险	人身险
瑞泰人寿保险有限公司	瑞泰人寿	人身险
三峡人寿保险股份有限公司	三峡人寿	人身险
太平养老保险股份有限公司	太平养老	养老险
同方全球人寿保险有限公司	同方全球人寿	人身险
新华人寿保险股份有限公司	新华保险	人身险
信美人寿相互保险社	信美相互	人寿相互保险
信泰人寿保险股份有限公司	信泰人寿	人身险
阳光人寿保险股份有限公司	阳光人寿	人身险

续表

单位名称	单位简称	单位类别
英大泰和人寿保险股份有限公司	英大人寿	人身险
友邦人寿保险有限公司	友邦保险	人身险
招商局仁和人寿保险股份有限公司	招商仁和人寿	人身险
招商信诺人寿保险有限公司	招商信诺人寿	人身险
中德安联人寿保险有限公司	中德安联人寿	人身险
中国平安人寿保险股份有限公司	平安人寿	人身险
中国人寿保险股份有限公司	国寿寿险	人身险
中国人寿养老保险股份有限公司	国寿养老	养老险
中国太平洋人寿保险股份有限公司	太保寿险	人身险
中韩人寿保险有限公司	中韩人寿	人身险
中荷人寿保险有限公司	中荷人寿	人身险
中华联合人寿保险股份有限公司	中华人寿	人身险
中融人寿保险股份有限公司	中融人寿	人身险
中意人寿保险有限公司	中意人寿	人身险
珠江人寿保险股份有限公司	珠江人寿	人身险
复星联合健康保险股份有限公司	复星联合健康	健康险
平安健康保险股份有限公司	平安健康	健康险
太平洋健康保险股份有限公司	太保健康险	健康险
中国人民健康保险股份有限公司	人保健康	健康险
北京联合保险经纪有限公司	联合保险经纪	保险经纪
诚炜保险代理有限公司	诚炜保险代理	保险代理
大童保险销售服务有限公司	大童保险销售	保险代理
鼎宏汽车保险销售股份有限公司	鼎宏保险销售	保险代理
泛华保险销售服务集团有限公司	泛华集团	保险代理
民太安财产保险公估股份有限公司	民太安保险公估	保险公估
宁波鸿邦保险经纪有限公司	宁波鸿邦保险经纪	保险经纪
梧桐树保险经纪有限公司	梧桐树保险经纪	保险经纪
华泰资产管理有限公司	华泰资产	资产管理
生命保险资产管理有限公司	生命资产	资产管理
泰康资产管理有限责任公司	泰康资产	资产管理
中再资产管理股份有限公司	中再资产	资产管理

续表

单位名称	单位简称	单位类别
RGA 美国再保险公司上海分公司	RGA 美国再保险上分	再保险
苏黎世再保险	苏黎世再保险	再保险
中国财产再保险有限责任公司	中再产险	再保险
安徽省保险行业协会	安徽保协	地方协会
重庆市保险行业协会	重庆保协	地方协会
福建省保险行业协会	福建保协	地方协会
甘肃省保险行业协会	甘肃保协	地方协会
广东省保险行业协会	广东保协	地方协会
贵州省保险行业协会	贵州保协	地方协会
海南省保险行业协会	海南保协	地方协会
湖北省保险行业协会	湖北保协	地方协会
吉林省保险行业协会	吉林保协	地方协会
内蒙古自治区保险行业协会	内蒙古保协	地方协会
宁夏回族自治区保险行业协会	宁夏保协	地方协会
青岛市保险行业协会	青岛保协	地方协会
厦门市保险行业协会	厦门保协	地方协会
山东省保险行业协会	山东保协	地方协会
山西省保险行业协会	山西保协	地方协会
陕西省保险行业协会	陕西保协	地方协会
上海市保险同业公会	上海保险同业公会	地方协会
新疆维吾尔自治区保险行业协会	新疆保协	地方协会
云南省保险行业协会	云南保协	地方协会

　　调研数据采用 140 家具有独立法人地位的样本公司为基础。样本公司中财产险有 42 家，占比为 30.0%，地方协会有 19 家，占比为 13.6%，集团有 6 家，占比为 4.3%，健康险有 4 家，占比为 2.9%，农业险有 4 家，占比为 2.9%，人身险有 44 家，占比为 31.4%，人寿相互保险有 1 家，占比为 0.7%，养老险有 3 家，占比为 2.1%，再保险有 3 家，占比为 2.1%，责任险有 1 家，占比为 0.7%，资产管理有 4 家，占比为 2.9%。样本公司经营险种占比情况详见图 1－1。

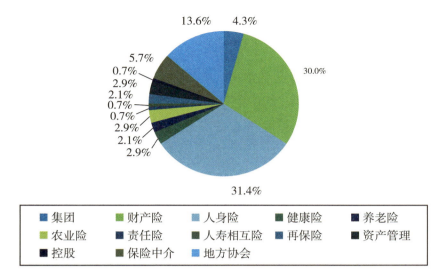

图1-1　中国保险行业人力资源问卷参与公司数经营险种占比

按投资者性质区分，样本公司中包含中资公司111家，占比为79.3%；外资公司29家，占比为20.7%。样本公司投资者性质占比情况详见图1-2。

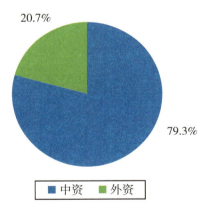

图1-2　中国保险行业人力资源问卷参与公司投资者性质占比

1.2.3　保险从业者问卷调研①

保险行业从业者问卷调研由中国保险行业协会推动，通过各保险公司、中国保险网络大学微信公众号、中国保险网络大学官方网站等多个渠道进行投放，共计

———————————————

① 资料来源：基于参与问卷调研的从业者填报数据进行统计。

212526 名保险行业从业者完成了在线填写反馈。

按照从业者所属公司区分，中国人寿保险股份有限公司有 39139 人，中国人民财产保险股份有限公司有 36558 人，中国平安人寿保险股份有限公司有 20831 人，富德生命人寿保险股份有限公司有 14553 人，中国平安财产保险股份有限公司有 9712 人，中国大地财产保险股份有限公司有 6565 人，建信人寿保险股份有限公司有 6248 人，民生人寿保险股份有限公司有 5166 人，阳光人寿保险股份有限公司有 4914 人，中国太平洋人寿保险股份有限公司有 4676 人，中国平安保险（集团）股份有限公司有 4152 人，中荷人寿保险有限公司有 4079 人，利安人寿保险股份有限公司有 3344 人，东吴人寿保险股份有限公司有 3158 人，合众人寿保险股份有限公司有 3037 人，英大泰和财产保险股份有限公司有 2834 人，恒大人寿保险有限公司有 2741 人，招商信诺人寿保险有限公司有 2284 人，大家财产保险有限责任公司有 2131 人，中国人民健康保险股份有限公司有 2119 人，国华人寿保险股份有限公司有 2082 人，富德保险控股股份有限公司有 1808 人，阳光保险集团股份有限公司有 1714 人，浙商财产保险股份有限公司有 1571 人，华安财产保险股份有限公司有 1375 人，中国人民保险集团股份有限公司有 1272 人，恒安标准人寿保险有限公司有 1219 人，阳光农业相互保险公司有 1202 人，中银保险有限公司有 982 人，中航安盟财产保险有限公司有 960 人，友邦人寿保险有限公司有 890 人，众诚汽车保险股份有限公司有 887 人，紫金财产保险股份有限公司有 886 人，新疆前海联合财产保险股份有限公司有 825 人，财信吉祥人寿保险股份有限公司有 788 人，北大方正人寿保险有限公司有 782 人，中意人寿保险有限公司有 733 人，鼎和财产保险股份有限公司有 659 人，泰山财产保险有限公司有 658 人，富德财产保险股份有限公司有 623 人，招商局仁和人寿保险股份有限公司有 496 人，三星财产保险（中国）有限公司有 420 人，复星保德信人寿保险有限公司有 403 人，大童保险销售服务有限公司有 338 人，中国人民人寿保险股份有限公司有 335 人，国富人寿保险股份有限公司有 333 人，鼎诚人寿保险有限责任公司有 320 人，工银安盛人寿保险有限公司有 319 人，国宝人寿保险股份有限公司有 302 人，利宝保险有限公司有 292 人，中国人寿财产保险股份有限公司有 287 人，渤海人寿保险股份有限公司有 277 人，中韩人寿保险有限公司有 276 人，珠江人寿保险股份有限公司有 271 人，东京海上日动火灾保险（中国）有限公司有 250 人，民太安财产保险公估股份有限公司有 244 人，中宏人寿保险有限公司有 241 人，中国太平洋保险（集团）股份有限公司有 231 人，太平洋健康保险股份有限公司有 207 人，黄河财产保险股份有限公司有 183 人，珠峰财产保险中国有限公司有 173 人，中路财产保险股份有限公司有 161 人，德华安顾人寿保险有限公司有 153 人，中国人寿再保险有限责任公司有 148 人，泰康资产管理有限责任公司有 133 人，中煤财产保险股份有限公司有 123 人，美亚财产保险有限公司有 118 人，中国太平洋保险集团有限责任公司有 116 人，中原农业保险股份有限公司有 112 人，海峡金桥财产保险股份有限公司有 111 人，信泰人寿保险股份有限公司有 103 人[①]。

　　人身险公司有 122791 人，占比 57.8%，财产险及责任险公司有 68746 人，占比 32.3%，保险集团或控股公司有 13877 人，占比 6.5%，健康险公司有 2933 人，占比 1.4%，其他单位参与调研的从业者约占比 2%，具体是养老保险公司有 478 人，占比 0.2%，农业保险公司有 1046 人，占比 0.5%，中介公司有 825 人，占比 0.4%，相互保险公司有 666 人，再保险公司有 426 人，保险资管公司有 379 人，互联网保险公司有 165 人，政策型保险公司有 120 人，地方协会有 74 人。参与调研的从业者所属单位类别详见图 1-3。

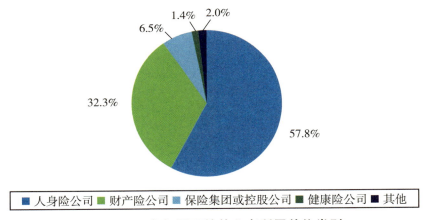

图 1-3　参与调研的从业者所属单位类别

　　按从业者所在机构级别区分，参与调研的从业者中一级机构（公司总部）人员为 12694 人，占比为 6.0%；二级机构（省级公司）人员为 40332 人，占比为

---

　　① 其余参与公司参与人数在 100 人以下不再详细列举。

19.0%；三级机构（市级公司）人员为 87815 人，占比为 41.3%；四级机构（县级公司）人员为 71685 人，占比为 33.7%；参与调研的从业者所属机构级别详见图 1-4。

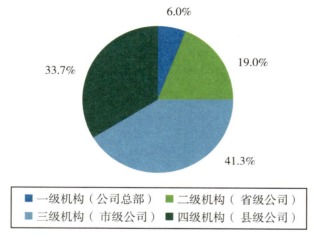

图 1-4　参与调研的从业者所属机构级别

　　按从业者所在岗位区分，参与调研的从业者中包括销售（含代理）人员为 107060 人，占总从业人员比为 47.6%，非销售人员为 117806 人，占比 52.4%。在非销售人员中，业务管理与支持有 28524 人，占比 24.2%；客户服务有 22974 人，占比 19.5%；办公行政管理有 9349 人，占比 7.9%；财务管理有 6748 人，占比 5.7%；核赔有 6390 人，占比 5.4%；教育培训有 5869 人，占比 5.0%；人力资源管理有 4486 人，占比 3.8%；合规管理有 4399 人，占比 3.7%；核保有 4122 人，占比 3.5%；风险管理有 3069 人，占比 2.6%；电话中心有 2129 人，占比 1.8%；信息技术运维有 1386 人；信息技术开发有 1284 人；品牌宣传有 1155 人；法律事务有 896 人；稽核内审有 604 人；再保险有 530 人；战略规划有 526 人；精算（含产品、研发）有 480 人；投资管理有 448 人；董事会办公室有 79 人；监事会办公室有 27 人；其他有 12332 人，占比 10.5%；参与调研的从业者所属专业岗位详见图 1-5。

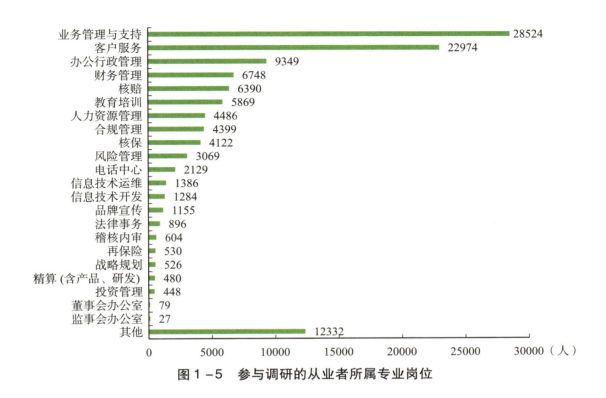

图1-5 参与调研的从业者所属专业岗位

按从业者工作年限区分，参与调研的从业者中包括工作年限小于1年人员为19108人，占比为9.0%；工作年限1~3年人员为36076人，占比为17.0%；工作年限3~5年人员为34920人，占比为16.4%；工作年限5~10年人员为51879人，占比为24.4%；工作年限10年以上人员为70543人，占比为33.2%；参与调研的从业者的工作年限详见图1-6。

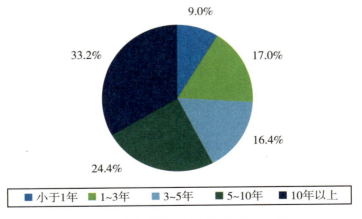

图1-6 参与调研的从业者的工作年限

按签订的合同类型区分，参与调研的从业者中签订劳动合同的有 132550 人，占比为 62.4%。签订销售代理合同的有 62282 人，占比为 29.3%；签订劳务派遣合同的有 15768 人，占比为 7.4%。没有签订合同的有 1926 人，占比为 0.9%。参与调研的从业者合同类型详见图 1-7。

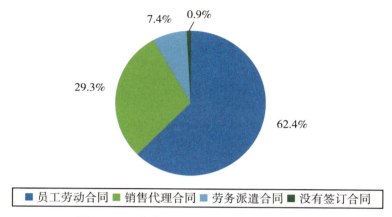

图 1-7　参与调研的从业者的合同类型

按年龄段区分，2021 年参与调研保险公司员工年龄段分布中，30 岁以下的占比 22.0%，31~40 岁的占比 44.8%，41~50 岁的占比 24.2%，51~55 岁的占比约 6.3%，56~60 岁的占比约 2.1%，60 岁以上占比 0.6%。参与调研的从业者的年龄结构详见图 1-8。

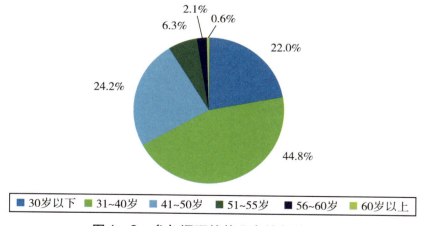

图 1-8　参与调研的从业者的年龄结构

按学历水平区分，高中以下有 6127 人，占比 2.9%；中专有 12080 人，占比 5.7%；高中有 22340 人，占比 10.5%；大专有 57467 人，占比 27.0%；本科有 107489 人，占比 50.6%；硕士研究生有 6857 人，占比 3.2%；博士研究生有 166 人，占比 0.1%。参与调研的从业者的学历结构详见图 1-9。

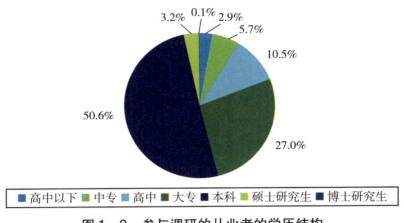

图 1-9　参与调研的从业者的学历结构

1.2.4　数据统计口径

1.2.4.1　公司规模划分

行业内将人身险公司及财产险公司按保费规模划分为大型公司和中小型公司，本次调研也沿用此标准划分公司规模。人身险公司依据中国保险行业协会发布的《2016 中小寿险公司发展研究报告》划分的大公司与中小型公司名单为标准，有 7 家为大型人身险公司，分别是国寿寿险、平安人寿、太保寿险、新华保险、人保寿险、太平人寿、泰康人寿，其余为中小型人身险。财产险公司依据中国保险行业协会 2015 年发布的《2015 国内中小财产保险公司发展问题研究报告》提及的保费规模 100 亿元为划分标准，有 11 家为大型财产险公司，分别是人保财险、平安产险、太保产险、国寿财险、中华财险、大地保险、阳光产险、太平财险、中国信保、天安财险、华安保险，其余为中小型财产险公司。

基于此标准，7 家大型人身险公司中有 4 家参与此次问卷调研，11 家大型财产险公司共有 5 家参与此次问卷调研。参与本次调研的大型公司名单详见表 1-2。

表 1-2　　　　　　　　中国保险行业人力资源问卷参与大型公司名单

大型公司类别	参与问卷的大型公司名称
大型人身险公司	中国人寿保险股份有限公司
	中国太平洋人寿保险股份有限公司
	新华人寿保险股份有限公司
	中国平安人寿股份有限公司
大型财产险公司	中国人民财产保险股份有限公司
	中国平安财产保险股份有限公司
	中国太平洋财产保险股份有限公司
	阳光财产保险股份有限公司
	华安财产保险股份有限公司

1.2.4.2　各层级机构定义

一级机构指公司总部，二级机构指省级及同级别机构，三级机构指市级及同级别机构，四级机构指县级及同级别机构，其他机构指乡级及以下机构。

1.2.4.3　公司前中后台划分

前台（业务类）：各渠道销售及管理、市场及营销、区域开发拓展、各类产品线或（准）事业部等。

中台（运营类）：客户管理及服务、信息技术、运营管理及运营中心、产品研发及精算、核保核赔、资产管理及资金运用等。

后台（职能类）：战略企划、办公室、宣传、行政及后勤、财务、人力资源及培训、党群、风险管理、内控合规、法律、稽核监察、内审等。

1.2.4.4　各类管理者定义

管理者划分为核心层管理者、高层管理者、中层管理者和基层管理者 4 个级别。各类管理者定义详见表 1-3。

表 1-3　　　　　　　　　　　　　各类管理者定义

项目	核心层管理者	高层管理者	中层管理者	基层管理者
公司总部	指公司总部含公司董事长、总经理、副总经理、总经理助理等在内的班子成员以及业务总监、总精算师等（相应职级）	部门主要负责人（部门正职、部门副职主持工作）及部门副职、助理职（相应职级）	其他管理者	—
二级机构	—	二级机构的主要负责人（总经理及副总经理主持工作）、副总经理、总经理助理在内的分公司班子成员（相应职级）	部门主要负责人（部门正职、部门副职主持工作）、部门副职、助理职（相应职级）	其他管理者
三级机构	—	—	三级机构的主要负责人（总经理及副总经理主持工作）、副总经理、总经理助理（相应职级）	其他管理者
四级机构	—	—	—	四级机构所有管理者

1.2.4.5　职级定义

将公司为员工设计的职业发展路径由初级到高级分为 L1、L2、L3、L4、L5、L6，以此口径调研行业内不同专业序列不同职级的人员分布、平均晋升年限等内容。不同职级的划分及其角色定位详见表 1-4。

表 1-4　　　　　　　　　　　不同职级的划分及其角色定位

职级划分	L1	L2	L3	L4	L5	L6
角色定位	辅助工作者	独立工作者	业务骨干/基层管理者	核心模块的负责人/团队管理者/处室管理者/中层管理者	专业业务带头人/部门管理者/高层管理者	领域卓越专家/核心层管理者

续表

职级划分	L1	L2	L3	L4	L5	L6
角色定位	在高层级员工的指导下开展工作；或独立承担技能要求相对简单的日常任务	在明确的流程下，独立完成有一定专业知识和技能要求的工作；指导低层级的成员开展相关职能模块的工作	应用该领域的专业知识和技能，独立完成多个模块较为复杂的工作；指导和培训低层级的成员相关领域的工作，并提出改进建议	系统地运用该领域的知识和技能，规划设计工作方案，对所负责模块提出建设性的改进意见；熟悉地指导、培训和监督更低层级成员相关职能模块的工作	系统地应用该领域的知识和技能，处理富有突发性、挑战性的工作，对所负责的多个模块提出建设性的改进意见，不断进行优化和调整	在相关领域具有专业影响力和权威性；基于企业战略和行业趋势，提出战略规划及配套核心政策和制度，推动创新与变革

1.2.4.6 薪酬构成

年度总薪酬包括基本薪酬、绩效薪酬、法定福利、公司福利和中长期激励。

其中法定福利包括社保、公积金和法定津贴补贴（归属于公司支付给员工薪酬）；公司福利包括补充津贴补贴、弹性福利和各类补充福利；补充福利包括企业年金、补充养老和补充医疗等。

1.2.4.7 调薪类型

调薪包括普通调薪、业绩调薪、晋升调薪、特殊调薪等方式。

（1）普通调薪是指公司由于外部宏观经济环境影响或公司薪酬水平市场竞争力不足等原因，周期性对全体员工的薪酬检视与调整；

（2）业绩调薪是指依据员工的绩效结果应用而进行的差异化的薪酬调整；

（3）晋升调薪是指员工职务或职级发生变化，按照晋升后对应的标准付薪而进行的薪酬调整；

（4）特殊调薪是指由于人才市场竞争情况变化、薪酬管理政策变化、薪酬监管要求变化等特殊原因，针对特定人员或机构进行的薪酬调整。

调薪率等于各项薪酬调整口径当年度调薪成本总额占上一年度薪酬成本总额的占比。

1.2.4.8　代理营销员相关概念

$$代理营销员月均总人数 = \frac{(1\,月人数 + 2\,月人数 + \cdots + 11\,月人数 + 12\,月人数)}{12}$$

$$代理营销员年人均保费收入 = \frac{代理营销员渠道年保费总收入}{代理营销员月均总人数}$$

1.2.4.9　员工总人数相关概念

公司员工总人数以与公司签订劳动合同的人员总人数为准，公司当年度员工总人数为年初人数和年末人数的平均值。

第1.3节　保险行业专业名词

保险密度：按照一国的人口计算的人均保费收入，它反映了一个国家保险的普及程度和保险业的发展水平。一般来说，保险密度越大，表明该地区保险业越发达，市场发育水平越高。一个地区的保险业发展和保险密度是其经济、社会、文化等诸多因素共同作用的结果。

保险深度：保费收入占国内生产总值（GDP）的占比，它反映一个国家的保险业在整个国民经济中的地位。

标准保费：将报告期内不同类别的新业务按对寿险公司利润或价值的贡献度大小设置一定系数进行折算后加总形成的保费收入。标准保费 = 规模保费 × 折标系数。折标系数根据险种以及交费年限各有不同，交费年限低则折标系数低，交费年限高则折标系数高，交费年限若达到一定程度则没有影响。标准保费是由不同类别的业务折算后具有的相同价值标准，它能比保费收入更客观地反映寿险公司的经营状况或寿险行业的发展状况。

规模保费：保险公司不考虑保险产品的种类和保险单的分类，将所有保险产品的实际销售收入之和进行统计形成保费总量。对人身险公司而言，其规模保费一般指原保费收入、保户投资款新增交费、投连险独立账户新增交费三项的合计。

新单首年保费收入：保险销售后本期内第一年度保费，包括新单保费和首年续期保费两部分。

第 2 章　中国保险行业发展动态

本章节主要介绍了 2020 年中国保险行业总体发展情况、地区发展特点、主要保险公司排名、监管动态和改革热点。

第 2.1 节　行业总体发展概况

2.1.1　行业规模增速放缓

2020 年中国保险业持续向高质量发展迈进，全国保险业原保险保费收入 45257 亿元，同比增长 6.2%，受新冠肺炎疫情影响，增速较 2019 年有所放缓。2013 ~ 2020 年原保费收入与增幅详见图 2 - 1。

图 2 - 1　2013 ~ 2020 年原保费收入与增幅

资料来源：http：//www. cbirc. gov. cn/cn/view/pages/index/index. html。

从分月度保费收入来看，首月保费收入同比增幅为 6.8%，单月原保费收入超过 9000 亿元，达 9081 亿元。受新冠肺炎疫情影响，2 月同比增幅为 - 14.4%，3 月开始稳步增长，4 月同比增幅为全年最高，达 16.6%。2020 年月度原保费收入及月度同比增速详见图 2－2。

图 2－2　2020 年月度原保费收入及月度同比增速

2.1.2　供给侧改革不断深化

2021 年新冠肺炎疫情趋于动态稳定的大环境下，社会、企业和个人的保险需求会被激发，尤其是健康险需求将会激增，这也表现在健康险的增速方面，2020 年增速达 15.67%。可以预见，未来在保障范围、相关服务等方面，健康险产品将迎来更大机会，尤其是新冠肺炎疫苗的问世，也给健康险产品带来了创新的切入点。保险行业的产品形态也会随之发生变化，供给侧改革将不断深化。2017～2020 年分险种原保费收入情况详见表 2－1。

表 2－1　　　　　　　　2017～2020 年分险种原保费收入情况　　　　　　　单位：亿元

险种	2017 年	2018 年	2019 年	2020 年	2020/2019 年增速（%）
人身险	26746	27247	30995	33329	7.53
（1）寿险	21456	20723	22754	23982	5.40
（2）健康险	4389	5448	7066	8173	15.67
（3）人身意外伤害保险	901	1076	1175	1174	－0.09

险种	2017 年	2018 年	2019 年	2020 年	2020/2019 年增速（%）
财产险	9835	10770	11649	11929	2.40
原保费收入合计	36581	38017	42645	45257	6.12

2.1.3　全球影响力持续提升

2020 年全球原保费收入达 62870.44 亿美元，同比增长 -1.3%，近年来首次出现负增长。2020 年全球保险市场继续向美国、中国和日本三个市场集中，合计共占全球市场近 58% 的份额，比例高于一年前（2019 年为 56%），中国市场 2020 年保费增速为 3.6%。

全球寿险原保费收入达 27974.36 亿美元，同比增长 -4.4%，增速较 2019 年下降 6.2 个百分点。其中，发达市场增速为 -5.7%，较上年降低 6.3 个百分点，新兴市场的增速为 0.3%，较上年降低 6.2 个百分点。中国市场保费收入 3475.45 亿美元，增速 2.8%，较去年下降 3.9 个百分点。

全球非寿险原保费收入达 34896.08 亿美元，同比增长 1.5%，增速较 2019 年下降 2.4 个百分点。其中亚洲新兴市场增速相对突出（3617.98 亿美元，增速 1.4%），但不含中国后亚洲新兴市场增速则下降至 -2.3%，中国市场增速为 4.4%（保费收入 3083.3 亿美元），仍然是世界非寿险保费增长的重要引擎，2020 年全球保险市场增长情况详见表 2-2。

表 2-2　　　　　　　　2020 年全球保险市场增长情况　　　　　　　　单位：%

保险市场	寿险	非寿险	总计
全球市场	-4.4	1.5	-1.3
发达市场	-5.7	1.5	-1.8
亚洲新兴市场	0.3	1.4	0.8
中国市场	2.8	4.4	3.6

注：此处市场数据为瑞士再保险 sigma 报告根据通货膨胀调整后增幅。
资料来源：瑞士再保险发布的《sigma 研究报告（2021 年第 3 期）》。

　　我国是全球增长速度最快的保险市场之一。2020 年，我国的保费收入总额达到 6558.74 亿美元，巩固了全球第二大保险市场的地位。如表 2 - 3 所示，在保险密度和保险深度方面，我国保险密度为 455 美元/人，位列世界第 42；保险深度为 4.5%，位列世界第 35；与全球平均保险密度 809 美元/人、保险深度 7.4% 相比，仍有较大差距。从长期来看我国保险业仍将保持稳定发展的态势，并将进一步稳固并提升在全球保险行业的影响力。近年来，全球保险业重心由发达市场向新兴市场（尤其是亚洲）转移，我国则是全球保险市场重心东移的主要驱动力量。2020 年世界主要国家和地区保险数据比较详见表 2 - 3。

表 2 - 3　　　　　　　　　2020 年世界主要国家和地区保险数据比较

国家和地区	排名	保费收入总额（百万美元）	占全球市场份额（%）	保险深度（%）	保险密度（美元/人）
全球	—	6287044	100	7.4	809
发达市场	—	5118118	81.4	9.9	4695
美国	1	2530570	40.3	12	7673
日本	3	414805	6.6	8.1	3280
英国	4	338321	5.4	11.1	4523
法国	6	231347	3.7	8.6	3317
德国	5	258566	4.1	6.8	3108
意大利	8	161973	2.6	8.6	2692
韩国	7	193709	3.1	11.6	3741
加拿大	9	143468	2.3	8.7	3775
新兴市场	—	1168926	18.6	3.4	174
新兴市场（不含中国）	—	513052	8.2	2.6	93
中国	2	655874	10.4	4.5	455
印度	11	107993	1.7	4.2	78
巴西	18	57623	0.9	4.1	271
拉丁美洲和加勒比地区	—	131855	2.1	3.1	203
非洲地区	—	60190	1.0	2.6	45

资料来源：瑞士再保险发布的《sigma 研究报告（2021 年第 3 期）》。

第 2.2 节　地区发展特点

2020 年，我国保险密度为 3055.702 元/人，较上年降低 648 元/人；保险深度为 4.28%，较上年上升 0.2 个百分点。

从地域分布看，东部沿海地区的保险密度整体偏高、中西部省份保险密度偏低的态势与往年调研情况一致，保险密度高于 2000 元/人的地区 25 个，所有调研区域均高于 1000 元/人。其中北京、上海遥遥领先，2020 年保险密度分别为 10520.37 元/人、7498.96 元/人。

在保险密度上升的同时，各省份保险深度稍有下降。2020 年共 12 个省份高于全国平均水平，其中黑龙江省保险深度为 7.21%，较上年度大幅提升，跃居第一位；北京市位居第二，为 6.38%；河北省位居第三，为 5.77%；2020 年我国各地区保险密度与保险深度情况详见表 2-4。

表 2-4　　　　　　　　2020 年我国各地区保险密度与保险深度情况

地区	保费收入 （亿元）	保费增速 （%）	保险密度 （元/人）	保险深度 （%）
北京市	2303	10.93	10520.37	6.38
上海市	1865	8.43	7498.955	4.82
天津市	672	8.75	4845.638	4.77
江苏省	4015	7.07	4737.581	3.91
浙江省	2477	10.04	3836.054	3.83
广东省	4199	2.12	3332.545	3.79
湖北省	1854	7.25	3211.048	4.27
黑龙江省	987	3.70	3099.717	7.21
重庆市	987.6	7.82	3081.498	3.95
内蒙古自治区	740	1.37	3076.923	4.26
吉林省	710	4.58	2950.104	5.77
山东省	2971.6	8.02	2926.77	4.06
宁夏回族自治区	210.7	6.42	2926.528	5.37
河北省	2088.6	5.01	2799.41	5.77

续表

地区	保费收入 （亿元）	保费增速 （%）	保险密度 （元/人）	保险深度 （%）
陕西省	1102.7	6.75	2789.628	4.97
四川省	2273.6	5.80	2717.306	5.50
山西省	932.8	5.64	2671.163	4.21
新疆维吾尔自治区	681.9	4.27	2637.95	4.94
河南省	2506	3.09	2521.888	4.56
福建省	1005.8	6.10	2421.257	2.29
安徽省	1043.5	4.04	2299.738	3.63
湖南省	1513	8.39	2277.333	3.62
辽宁省	969.6	5.51	2276.591	3.86
江西省	927.9	11.12	2053.242	3.61
海南省	205.9	1.43	2042.758	3.72
甘肃省	485.2	9.28	1939.209	5.38
青海省	103.6	5.74	1750.507	3.45
云南省	756.5	1.95	1602.309	3.08
广西壮族自治区	734.3	10.43	1464.851	3.31
贵州省	511.8	4.66	1327.204	2.87
西藏自治区	39.8	7.59	1090.685	2.09
全国	42235.5	6.26	3055.702	4.28

资料来源：原保监会网站历年数据 http：//bxjg.circ.gov.cn/web/site0/tab5179/；全国合计数据中包含了集团及总公司本级数据。

第 2.3 节　保险业监管动态

回归保障的原则对保险公司的产品开发与经营策略产生深远的影响。保险行业正在按照监管要求和市场的发展趋势，规范人员监督管理和风险防范机制，发挥保险产品保险保障、风险转移、社会治理功能，回归保险本源，防范经营风险。

2.3.1　完善银行保险机构绩效薪酬追索扣回机制

2021 年 1 月 18 日，为健全绩效薪酬激励约束机制，充分发挥绩效薪酬在银行保险机构经营管理中的导向作用，银保监会研究制定了《关于建立完善银行保险机构绩效薪酬追索扣回机制的指导意见》（以下简称《指导意见》）。

《指导意见》要求，银行保险机构要加强对薪酬制度激励效果的评估。对于因存在明显过失或未尽到审慎管理义务，导致职责范围内风险超常暴露的高级管理人员和关键岗位人员，银行保险机构可以追索扣回其相应期限内的绩效薪酬。

《指导意见》规定了可以追索扣回负有主要责任的高级管理人员和关键岗位人员相应期限内的全部绩效薪酬的情形，包括银行保险机构重要监管指标严重不达标或偏离合理区间的；被银保监会及其派出机构或其他金融监管部门采取接管等风险处置措施的；发生重大风险事件，对金融市场秩序造成恶劣影响的等。

根据《指导意见》要求，银行保险机构应按规定建立并完善绩效薪酬追索扣回机制，健全劳动合同、薪酬管理、绩效考核等管理制度，充分运用薪酬工具，平衡好当期与长期、收益与风险的关系，确保薪酬激励与风险调整后的业绩相匹配，防范激进经营行为和违法违规行为，不断促进银行保险机构稳健经营和可持续发展。

2.3.2 《保险公司董事、监事和高级管理人员任职资格管理规定》正式实施

2021 年 1 月 6 日，《保险公司董事、监事和高级管理人员任职资格管理规定》（以下简称《保险高管规定》）经银保监会 2021 年第 1 次委务会议审议通过，自 2021 年 7 月 3 日起正式施行。

《保险高管规定》共 56 条，主要对需经任职资格核准的人员范围、任职资格条件、核准程序、监督管理要求及法律责任等进行了规范，重点调整了任职条件和审批范围，以促进人才合理有序流动，引导公司建立专业管理队伍，稳健合规开展业务经营，提高公司治理水平，同时加强任职管理和事中事后监管。

《保险高管规定》对任职资格审批做的主要修改在于：首先，《保险高管规定》将部分职位由任职资格审批改为报告管理。省级分公司以外的其他分公司、中心支公司副总经理及总经理助理，支公司、营业部经理不再作为"高级管理人员"进行任职资格审批。其次，已取得任职资格核准的高管人员，在任职中断时间未满 1 年的情况下，如果拟兼任、转任、调任职务对经济及金融从业年限的要求、对任职经历的要求以及对专业资格的要求均不高于原职务，可在全国范围内同类保险公司

担任同级或下级机构职务，不再需要重新核准，只需按规定报告。例如，经任职资格审批主持工作的副总经理调任同一保险公司总经理，总经理助理调任、兼任同一保险公司副总经理或转任同类保险公司总经理助理、副总经理，均不再需要重新核准。

此外，《保险高管规定》明确了保险公司指定临时负责人的职位范围和程序要求。总公司总经理、总精算师、合规负责人、财务负责人和审计责任人，省级分公司、其他分公司和中心支公司总经理职位可以指定临时负责人；临时负责时间累计不得超过 6 个月，保险机构应当在 6 个月内选聘具有任职资格的人员正式任职，原则上不可再申请延长；确有需要的，可以在以上期限内更换 1 次临时负责人。

2.3.3 《保险公司偿付能力监管规则（Ⅱ）》发布，偿二代二期工程建设顺利完成

为进一步贯彻落实重大金融风险防范措施，补齐监管制度短板、维护保险市场安全稳定运行、推动保险业务高质量发展、保护消费者利益，偿二代工程持续推进；银保监会在现行偿二代监管规则的基础上进行了全面修订升级，并在 2021 年 12 月 30 日发布《保险公司偿付能力监管规则（Ⅱ）》（以下简称《规则Ⅱ》），标志着偿二代二期工程建设完成。

《规则Ⅱ》共计 20 项监管规则，相较于 2015 年 2 月 13 日下发的《保险公司偿付能力监管规则（1－17 号）》新增 3 项监管规则：《第 7 号：市场风险和信用风险的穿透计量》《第 14 号：资本规划》《第 20 号：劳合社保险（中国）有限公司》。

《规则Ⅱ》主要修改点在于：一是加强资本负债管理。要求对资产进行全面穿透，对于无法穿透的非基础资产通过增加风险因子、提高交易结构风险得分，从而准确体现对风险资产的计量；对长期保单、投资性房地产加强资本认定标准；对保险业务的基础风险因子进行调整和新增；通过新设调控性因子对特定业务和机构基于政策支持。二是对风险管理做出进一步调整。针对原风险综合评级类别进一步细化，并进行差异化监管；加强控制风险最低资本监管，通过新增的相对分概念，加大对风险过高公司的资本要求；SARMRA 评估规则调整，并且监管评估频率变更为每三年一次。

第2.4节　保险业改革热点

2.4.1　人口红利消退，独立代理人制度试点

2020年11月23日，银保监会正式印发《保险代理人监管规定》（以下简称《规定》），并于2021年1月1日起施行。《规定》对保险专业代理机构的要求主要有以下方面：一是加强市场准入管理。强化对保险专业代理机构股东的审查，并对股东的出资能力作出要求。同时，在资本金托管、治理结构、内控制度以及商业模式等方面做出规定。二是加强分支机构管控。为切实防止内控管理薄弱、风险隐患大的保险专业代理公司滥设分支机构，列明了设立分支机构应当符合的具体条件，同时进一步强化保险专业代理法人机构的管控责任。三是理顺后置审批流程。要求保险专业代理公司取得许可证后，应及时在监管信息系统中登记相关信息；对于未取得许可证或者其许可证被注销的，应当及时办理相关事项变更登记，确保其名称中无"保险代理"字样。四是提升最低注册资本。把区域性保险专业代理机构最低注册资本调整为2000万元，有利于专业代理机构增强抵御风险能力，提升依法合规意识，促进长期稳健经营。对新设立的区域性代理公司，应严格按照新标准执行。《规定》首次提出了"独立个人保险代理人"概念，表明市场发展趋势和监管引领方向。此外，《规定》还对缴纳职业责任保险、保证金相关要求进行了调整，对违规销售非保险金融产品、经营互联网保险业务的行为设定了相应罚则，加强日常合规管理。

2021年7月19日，深圳银保监局联合市场监督管理局共同发布了全国首份《深圳独立个人保险代理人登记注册事项工作指引》（以下简称《指引》），正式推行"独立个人保险代理人"制度。

该《指引》从业务许可和商事管理两方面，明确了深圳独立个人保险代理人的属性定位、条件标准、注册流程及商事登记等规则，为深圳保险业发展独立个人保险代理人营销模式明确了政策要求和导向，简化了登记注册流程。《指引》中规定独立个人保险代理人应具备大专以上学历，通过保险基本理论和保险产品知识专门培训及测试，从事保险工作5年以上者可放宽至高中学历。本次《指引》中指出不设层级，其实是延续了监管部门在《关于发展独立个人保险代理人有关事项的通

知》中强化保险公司责任的态度。强调严格以业务品质和服务质量为根本建立佣金费用体系和考核制度，开发符合独立个人保险代理人特点的保险产品，科学设置首年佣金分配比例。

2.4.2　保险中介乱象整治持续深化

2020 年 5 月 12 日，银保监会向各银保监局下发了《2020 年保险中介市场乱象整治工作方案》（以下简称《方案》），明确了 2020 年保险中介市场在 7 个方面的乱象整治要点，将保险中介市场各参与主体业务、内控、营销及风险等情况均纳入整治工作。其中，重点严厉打击保险专业中介机构和保险兼业代理机构扰乱市场秩序，侵害消费者权益等行为，查处保险公司落实管控责任不到位，利用中介渠道套取费用等问题。

《方案》要求，2020 年开展乱象整治工作时，除了要继续保持对违法违规行为的高压态势外，各银保监局还要对辖区过去三年保险中介市场乱象整治工作开展情况及整治效果进行自我评估。鼓励保险机构自查整改，对公司在自查整改工作阶段积极暴露问题并整改落实到位的，可依法免于处理；对屡查屡犯、屡教不改的机构和高管人员要严肃处理；对性质严重、影响恶劣的机构和个人依法采取吊销业务许可证、撤销任职资格、市场禁入等处罚措施。这有利于促进保险公司和保险中介机构从公司治理、组织架构、制度建设、考核机制、内控管理、合规意识等方面夯实依法合规经营基础，建立健康稳健发展的体制机制。

2.4.3　第六险新增 14 个试点城市

2021 年 5 月 25 日，为进一步推动保险业做好长期护理保险制度试点服务工作，规范保险公司经营服务行为，切实维护参保群众合法权益，银保监会印发了《中国银保监会办公厅关于规范保险公司参与长期护理保险制度试点服务的通知》（以下简称《通知》）。

《通知》制定的总体思路是：全面规范保险公司参与长期护理保险制度试点的经营服务行为，切实维护参保群众合法权益，推动行业专业化经营服务能力的提升，在民生保障领域发挥更加积极的作用，形成保险业参与试点服务规范化运行机制，助力长期护理保险制度稳健运行。《通知》具体包括以下几方面：第一，对保险公司专业服务能力、项目投标管理、经营风险管控、信息系统建设、护理机构管理等方面提出明确要求。第二，压实保险公司主体责任，加强业务和服务流程管理，强化内部监督与问责。第三，加大日常监管，规范经营服务行为，明确重点查处和整治的问题。第四，鼓励行业协会在制定服务规范和标准、建设服务评价体系、搭建行业交流平台等方面发挥作用。下一步，银保监会将进一步引导行业提升专业能力，提高服务质量，强化依法合规，规范经营行为，切实保护好参保群众合法权益。继续支持行业协会发挥自律组织作用，促进资源整合与共享，提升行业服务效能。

第2.5节　发展趋势汇总

2020年，受到新冠疫情影响，保险业全年累计原保费收入4.53万亿元，同比增长6.3%；其中财产险行业原保费收入1.19万亿元，同比增长2.6%；人身险行业原保费收入3.3万亿元，同比增长6.5%。2020年1月4日，银保监会发布了《关于推动银行业和保险业高质量发展的指导意见》，提出了"坚持回归本源、坚持优化结构、坚持强化监督、坚持市场导向、坚持科技赋能"五大基本原则，并在"建立健全中国特色现代金融企业制度"中明确提出要"优化激励约束机制"。2020年疫情加速了保险行业提质增效，在科技支撑下打造高效的组织平台，提升人员效能。本部分通过分析2020年保险行业人力资源调研所呈现出的特点，比对过往几年调研数据等，从组织、人才、机制三个维度对保险行业人力资源的变化及趋势进行总结和概述。

2.5.1　组织体系

保险公司作为典型的多层级组织体系，总部对分支机构的管控方式是保险公司提升整体组织能力的重要抓手。我们在《2019年中国保险行业人力资源报告》中首次就保险公司的管控模式进行了调研，2021年度再次调研发现，在科技支撑下，更多公司在运营职能上采取集中作业的模式以提升效率、降低风险。

保险公司通常采用三种管控模式：严格管控、集中管理和适度灵活。调研显示约1/3的公司采取严格管控模式，在三种管控模式中，该模式占比最高，人身险公司同样以严格管控为首选模式，均与 2019 年调研结果保持一致；财产险公司面对持续推进的车险综合改革以及非车险激烈的竞争，采取集中管理模式的公司明显增多，希望通过加强总部政策制定和部署，重新构筑竞争优势。

进一步对比各专业职能的管控模式发现，疫情加快了运营职能采取集中作业模式的步伐。调研显示，与 2019 年相比，在保险科技、客服、核保、理赔等方面，更多公司采取了集中作业模式，以应对疫情提高运营效率，控制操作风险，提升客户服务的品质和客户满意度；其他职能的管控模式则与 2019 年相比变化不大，法律事务、风险合规等强政策性职能，采用严格管控的公司占比超过 35%；财务管理、稽核审计采用集中管理的公司占比更高；人力资源管理的管控模式在今年的调研中体现出了集中的倾向，采用集中管控的公司占比略有增加，而在 2019 年人力资源管控模式则更加多样化，适度灵活管控、严格管控及集中管理三种模式的占比非常接近，充分体现了疫情下保险公司倾向于加强总部对人力资源管理策略的管控力度以应对外部环境的不确定性。

除了总体管控模式外，我们调研了总部对于分支机构人员编制的管理方式。参与调研保险公司，无论险种与规模，均对分公司的人员编制进行核定，接近 30% 的公司不仅核定分公司人员总编制，还进一步分职能细化人员配置要求，牵引人员配置向前台以及业务管理职能倾斜，充分体现出保险公司在业务结构转型升级过程中，同步匹配了人员配置要求。

2.5.2 人才队伍

2.5.2.1 队伍结构

近年来保险行业总体从业者人数、劳动合同制人员数均在逐年提高，队伍结构也在悄然发生变化。

1. 各序列人员分布

观察内勤人员配比，管理职与非管理职的人员配比近年来稳定在 2：3；非管理职内勤人员，前台（销售管理和销售支持人员）、中台（运营人员）、后台（后援支持人员）的人数配比看，前台人员占比明显提高，而中台人员的配置数量则有一定的降低，2020 年调研数据显示，前、中、后台的人员配比约为 2.5：1.2：1，也就是说 1 位后台人员支持 1.2 位中台人员、2.5 位前台人员。我们认为随着保险科技应用的深化以及运营职能集中作业模式的普及，后台人员的支撑能力、中台运营人员的作业效能均有了明显提升，外部环境的不确定性、监管环境趋严以及业务竞争加剧均提升了对于前台业务管理人员数量和能力的诉求，更高专业度的业务管理人员是外勤展业的重要助推器，从调研数据上也体现出保险公司在内勤人员配置上向价值创造相关性更高的前台人员倾斜，中后台人员的转型势在必行，转型可能有两个方向，一是向前台营销、销售推动类职能转型；二是创造出新型中后台岗位，比如从作业型职能向依托数字化的建模和分析转型。保险科技、产品＋服务等手段的创新是帮助公司取得差异化竞争优势的强大发动机和催化剂等，技术应用既减少了对于作业类人员的依赖，也将催生出新型运营规划类岗位，及时推动内部人员转型并适时引入外部具有一定经验的人员来帮助公司提升中台能力。

2. 学历和年龄结构

从近三年的调研情况看，保险行业员工的成熟度和受教育程度均明显提高。

学历方面，保险公司本科学历人数占比稳定在 54% 左右，大专及以下人数占比下降至 41%，较 2017 年及之前受教育程度提升明显。财产险公司和人身险公司的本科学历人数占比分别在 50%、60% 左右。基层管理者、精算含产品、投资、风控、财务管理等序列本科以上人数占比较 2017 年均有提升。

年龄方面，26 ~ 35 岁的人员占比一直稳定在 45% ~ 50% 左右，但 25 岁以下人员占比明显降低，从 2017 年及以前的接近 20% 下降到近三年的略高于 10%，36 ~ 45 岁的人员占比已经接近 30%，46 岁以上的人员提升至 15% 左右，均比 2017 年明显提升。

更高的学历和年龄段的提升意味着员工工作和生活诉求等将发生明显的变化。员工将更加追求工作的意义和职业成长，对工作和生活平衡的需求更加突出，同时成熟的员工也导致更高的人力投入。因此，如何借助保险科技赋能推动这些人员能力的转型升级，保险公司需要行动起来。

2.5.2.2 人员流动

员工主动离职率是衡量行业人才市场活跃度的指标。2020 年度保险行业员工离职率为 12.9%，较 2019 年的离职率（17.1%）下降明显，与 2018 年度的离职率（13.3%）基本相当。分险种看，财产险的离职率始终稳定在 10% ~ 13% 之间，人身险公司离职率降幅较大，从过去基年的 15% 以上，降低到了 13% 左右，这与疫情对于人身险公司带来业务压力直接相关，人身险业内的人才需求度和活跃度均有下降。分序列来看，2020 年管理序列主动离职率为近四年最低，首次降至 9% 以下。专业序列主动离职率为 13.5%，较 2019 年下降了 4%，与 2018 年基本一致。

财产险方面，专业序列人员近两年离职率排名前三的是销售管理及支持、客户服务和投资管理；信息技术人员近几年的离职率始终稳定在 10% ~ 11%，但是客户服务人员的离职率自 2019 年从不足 10% 提升到了 12% 以上，超越了信息技术。

人身险方面，专业序列人员近两年离职率排名前三的是销售管理及支持、两核、精算；投资管理和信息技术也曾经是离职率排名靠前的专业序列，信息技术人员的离职率近两年从超过 11% 下降到了 10% 以下，投资管理人员的离职率波动较大，趋势上看在 10% ~ 11% 左右。

我们发现，专业序列人员的流动与公司对于该类型人员的数量和能力的需求相关性较高。销售管理和支持人员的离职率提高与公司对该类人员配置数量的增加有一定关系；投资管理、精算则属于业内专业技术资质要求较高的两个专业，高素质人才始终是各家公司争夺的重点；客户服务、两核随着集中作业和科技应用，人员的职责定位正在悄然变化，离职率的提高与职能转型有一定的关系。近年来，各家公司都非常关注的科技人员，在经过了 2018 年及以前的人员大量引入后，这两年，无论人员占比和人员的离职率均变化不大，体现了在科技方面的人员定位和配置策略已经相对稳定。

通过调研数据交叉分析显示，职业发展速度与离职率有一定的关联，管理职务晋升时间短的公司，员工离职率低于管理职务晋升时间长的公司，加强员工职业规划，给绩优员工更快和更多职业发展机会是保留员工的重要手段。

2.5.2.3 保险科技人员的人力资源管理实践

本报告自 2019 年开始持续对保险科技人员进行专项调研，试图探讨保险行业科技人员的管理实践和特点。

从保险科技人员的年龄分布看，与行业整体的年龄趋势相反，科技人员的年龄段分布呈下降趋势，2020 年度的调研数据显示，35 岁以下人员占比为 80% 以上，高于我们初始调研的 2018 年度（70%）；同时 36 ~ 45 岁的人员占比降幅明显；该趋势与互联网行业人才的年龄段分布和用人策略大致相当，与互联网行业的高流动不同，作为重技术应用的行业，如何充分发挥资深人员的业务经验，推动他们成功转型是新的课题。

观察保险科技人员的职位职级、薪酬及绩效管理体系发现：保险科技人员职位层级发展空间进一步提升，60%公司的科技人员职业空间能够达到相当于高层管理者，16%能够达到相当于核心层管理者层级。对于科技创新职能的薪酬市场对标，40%以上的公司选择分岗位分别对标，超过60%的公司会同时参考金融科技和互联网行业相同职能的薪酬水平，以确保人才的吸引和保留。对于保险科技人员的考核，仍以 KPI 和工作目标为主，对于科技创新职能，约10%的公司在常规考核之外补充了项目制、OKR 等新型考核形式，以更加全面客观地对创新项目进行评价。

从我们开始调研至今，大部分公司把保险科技条线作为成本中心，以投入和培育为主，70%左右的公司采取预算制管控保险科技人员的薪酬总额；在衡量产出方面，70%左右的公司从"科技提升客户体验帮助营业收入增速提升"看待科技投入的价值贡献，20%的公司选择与人力替代相关的指标挂钩，比如加班时间的变化、人员规模和增速的变化等，约30%的公司开始探索科技部门的内部服务收费模式。

2.5.2.4　保险精算人员的人力资源管理实践

随着 IFRS17 正式实施的临近，部分公司（30%左右）已经开始成立专职项目组应对规则改变，精算人员是项目组的主力人员之一，2/3 的公司计划在项目组配置 5 名左右精算人员。我们在 2021 年度的报告中首次对精算人员的人力资源管理实践进行了调研。

精算师是保险公司的标配岗位，平均每家保险公司有 4.4 名准精算师，4.3 名正精算师。人身险公司准精算师（5.4）与正精算师数量（6.3）的配置数量均高于财产险公司；大型公司的准精算师（14.5）与正精算师（16.5）是中小型公司的 4~5 倍。

精算师考试是保险行业内含金量最高的考试之一，超过 80%的人身险公司提供考试通过津贴。约 45%的公司津贴发放方式为"每通过一门考试，按月发放一定额度津贴"，另有约 30%的公司"通过阶段考试后，按月发放一定额度津贴"。为鼓励精算人员参加考试，约 80%的保险公司提供精算考试报销，近 80%的公司提供带薪考试假期，当然如果重考，提供精算考试报销的比例降至 55%，提供带薪考试假期比例降至 59%。

由于精算人员的专业价值和稀缺性，精算人员的基本工资高出同职级中后台人员 20% 左右，其变动奖金高出同职级中后台人员 15%。

2.5.3　管理机制

为进一步激活员工队伍，提升员工队伍价值创造能力，保险行业更加关注人才机制的建设，优化人员选用育留机制，加大人才培养投入力度，着力打造高素质的人才梯队。

2.5.3.1　人才储备与供给

面对较高的员工离职率和业务发展压力，保险公司非常重视人才外部招聘。从行业总体来看，2020 年招聘需求排名前列的依次为外勤人员、销售管理及支持、信息技术开发、精算（含产品、研发）、核保管理，与过去两年情况基本一致，只是排位略有调整。财产险公司需求最大的是外勤人员、理赔管理；人身险公司需求最大的是销售管理及支持、外勤人员。

从行业总体来看，保险公司常用人才招聘渠道前五名依次是传统招聘网站、内部推荐、猎头公司、校园招聘、社交媒体（微信、微博、领英等）。从过去三年的情况看，"内部推荐""猎头公司"一直位于使用频率排名的前三位之中，其招聘有效性认可度也最高。

招聘渠道费用投入排名前三位的依次是传统招聘网站、猎头公司和校园招聘；人均招聘费用近年来有所提升，2020 年度 40% 公司内勤人均招聘成本 1000 元以下，而 2018 年该数据为 45%；25% 的公司内勤人均招聘费用在 1000～2000 元，而 2018 年为 16%。更高的招聘成本意味着对人力成本投入的压力增加，公司需要提高招聘的精准性，提高招聘的投产效率。

从校园招聘实践看，为了加强优质生源的获得，很多公司开始差异化制定应届生薪酬政策，其中对"双一流"院校的应届生实施差异化定薪的公司已经超过 50%，2018 年为 43%，该做法在人身险公司中更加普及（70%）；针对对口专业应届生实施差异化定薪也是近年来部分公司的做法，比如有公司会专门制定大数据、人工智能等专业的应届生薪酬标准。

保险公司除了加大校园招聘的力度外，也采取系列措施加强对于应届生的培养。调研发现，过往三年的应届生留存率明显提高，一年后留存率平均从 65% 上升到超过 80%，2 年后留存率达到了 60%，3 年后留存率也约为 45%，略有提升（40%）。

除了外部招聘外，内部招聘也成为保险公司盘活人才队伍、满足用人需求的重要方式。保险公司的多职能、多层级管理架构使得组织有足够的深度和广度推动内部人才流动实现潜力人才培养，保险行业居高不下的离职率也促使保险公司加强内部人员培养。调研显示，绝大多数保险公司设有内部人才流动机制，为了盘活内部人才，更多公司在机制上推动人员流动更加顺畅，比如通过内部人力资源信息公开平台、内部人才池、内部人才市场等不同的方法支持公司内部人才招聘。

2.5.3.2　绩效管理机制

面对激烈的市场竞争，越来越多的保险公司着力完善绩效考核制度，强化考核运用，以突出绩效考核的正向牵引和价值传导作用。2020 年认为"已建立较完善的绩效管理体系"的公司从 2018 年的 65% 上升到 75%。同时，保险公司对绩效管理各环节的执行情况也有较高认可度，相对而言，"过程辅导、中期回顾"的认可度一直相对偏低，但相比 2018 年，认可度提升了约 5～10 个百分点。

从考核周期看，近几年比较稳定，销售（非代理）人员的考核周期以月度和季度为主，占比约 50%；非销售序列考核周期以年度为主，占比约 60%，分支机构管理者以季度和半年度考核为主。财产险公司更加倾向于半年度考核，内勤人员仅年度考核的公司占比略低于 50%；寿险公司的考核周期更长，70% 左右的公司均对内勤人员实施年度考核。

在绩效管理工具方面，保险行业绩效管理工具排名前三位的依次为：KPI 考核、工作目标考核、主管评分考核，另外也有部分保险公司开始探索使用 OKR 考核、项目制考核等新型绩效考核方式。

考核指标体现了各公司年度业务重点以及监管要求。数据显示，2018～2020 年大部分专业序列关注的绩效指标保持不变，理赔、业务管理、风险合规等序列考核指标略有调整，具体变化如下：

理赔管理序列，考核指标选用排名前三依次为赔付率指标、立案结案时效指标、客户满意度指标。2019 年估损偏差指标上升至第二位，2020 年立案结案时效指标和客户满意度指标位列二三名。

业务管理序列，考核指标选用排名前三依次为保费达成率指标、保费收入指标、保费继续率指标。从过去三年的情况看，业务管理序列主要考核指标基本没有变化。但 2020 年费用控制类指标上升明显，接近第三名的保费继续率指标。

信息技术数据序列，考核指标选用排名前三依次为准确性指标、及时性指标、完整性指标。从过去三年的情况看，信息技术数据序列主要考核指标略有变化，2018 年排名前两位的是"准确性指标"和"及时性指标"，2019 年"计划达成类指标"超越"及时性指标"排名上升至第二位，2020 年完整性指标一跃成为第三位，计划达成类指标则未上榜。

风险合规序列：考核指标选用排名前三依次为风险发生类指标、制度建设类指标、整改率指标。从过去三年的情况看，风险合规序列主要考核指标略有变化，排名第一位的一直是"风险发生类指标"，第三位由"整改率指标"转变成 2020 年的"覆盖率指标"。

保险公司在市场竞争压力下，公司内部形成了非常强的绩效导向和差异化管理理念。近三年的调研数据均显示，近 90% 的保险公司均推行了绩效结果强制分布。从强制分布比例看，70% 的公司"个人绩效最高等级不超过 15%"；60% 的公司"个人最低绩效等级 10% 以下"，绩效等级分布差异度较大。个人最高绩效等级的奖金系数在"1.2 倍到 1.5 倍"的公司占比约 35%，"1.5 倍到 2 倍"的公司占比约 30%，约 50% 的公司个人绩效最低绩效等级挂钩的奖金占比为零，绩效分布比例以及奖金系数近年来比较稳定，充分体现了保险行业推行绩效管理的坚定和力度。对绩效奖金差异化应用与公司业绩进行相关性分析发现，绩效结果应用差异大的公司的保险业务收入增长率更高。

绩效结果在薪酬调整上的应用，市场实践差异较大，相对而言"当年度获得第二高绩效等级或以上的员工可获得调薪"的保险公司最多，约占比 30%。对应的调薪率，业绩调薪的调薪率在 10% 以内的公司占比最多，晋升调薪的调薪率在 10%～15% 的公司占比最多。

绩效管理面临的前三大问题包括指标设定、绩效评估等各环节，分别是"对于中后台职能条线的工作难以量化考核""绩效等级强制分布排序真正落地，避免轮流坐庄""如何利用绩效管理工具在公司建立绩效文化"，这也是保险行业在实行了多年强绩效管理后，对于制度有效性的反思，优化的举措多种多样，重点还是在于在公司上下建立绩效文化的共识。

2.5.3.3　薪酬管理实践及人力成本投入产出效能

2020 年与市场增长放缓相伴而来的是保险公司在资源投放上更加谨慎。比较调薪率发现，保险行业总体员工 2020 年较 2019 年调薪率有所下降。2020 年公司总部及分公司的调薪率分别是 4.5%、4%。从薪酬调整的频率看，约 30% 的公司每年调薪，另有 60% 的公司没有明确规则，由管理层统筹确定。

目标奖金和业绩提奖是保险行业采用的绩效薪酬核定方式。从行业总体看，行业各级机构销售人员的绩效薪酬以业绩提奖/佣金或者目标奖金 + 提成为主。其他人员则多采用目标奖金的方式，且随着员工职级提高，采用目标奖金方式的占比就越大。

从组织效能看，2020 年度遭遇疫情，参与调研公司的人均保费收入 50 分位水平，从 2019 年的人均 296 万元下降到人均 274 万元；而衡量人力成本投入产出效率的指标——单位人力成本保费收入则略有上升，从 2019 年的 12 元上升到 13 元；财产险和人身险公司均呈现了同样的趋势，人员规模的变化略慢于保费收入的变化，但是人力成本投产效能近三年始终保持了一定幅度的增长。

2.5.3.4　人才培养机制

为给行业提供强有力的人才队伍支撑，培养一批具备转型理念和能力要求的经营管理人才、科技保险人才，以及后备人才、青年人才梯队，保险公司都加大了人才培养力度，包括各种类型的人才培养项目，管理培训生计划，培训体系建设等。

2020 年人力资源调研显示，保险公司在培训体系建设方面呈现出培训时间更长，培训方式更丰富等特点。

员工培训时长体现了保险行业对于培训学习的重视，近 50% 的公司对员工的培训时长有最低要求；保险公司核心管理层、高级管理层学习时长大于 100 小时的占比最高，分支机构班子、中级管理层学习时长占比最高的是 40~60 小时；专业序列中，基层员工的学习时长占比最高的是 10~20 小时，骨干和资深员工的学习时长显著增加，占比最高的均在 40~60 小时。

培训费用的投入同样体现了保险公司建立学习型组织，持续学习的人才培养理念，核心管理者人均经费投入大于 1 万元的占比最高，高层管理者人均经费投入在 5000~10000 元区间的占比最高，中层管理者人均经费投入在 2000~3000 元区间的占比最高，基层管理者人均经费投入在 1000~2000 元区间的占比最高。

保险公司正在减少对于内部讲师体系的依赖，善用各种培训方式和培训渠道的优势提升培训效果。内部讲师授课的占比逐年降低，同时内部网上学习、外部培训和邀请外部讲师内训的占比逐年上升。具体而言，岗位相关培训、保险行业知识和销售技巧仍以内部讲师授课为主；"经管金融知识"课程获取方式为参加外部培训、邀请外部讲师内训的占比增加；"专业资格考试"和"国际认证证书"的获取方式变化为以自学为主；通过内部网上学习"保险知识"课程的占比升至最高。

在培训面临的挑战方面，保险公司普遍认为"培训效果难以衡量和转化"是培训面临的最大挑战。目前超过50%的保险公司以"培训员工问卷调查和访谈"衡量培训效果，其次是"课程设置专业考核并通过"。

2.5.3.5 文化价值观

价值观是企业文化管理的核心，价值观认同也是本次调研所关注的从业者企业文化管理的关键议题。超过50%参与调研的从业者反馈认同"以人为本""稳健发展""客户至上""追求卓越"的价值观。此类价值观的认同情况不仅体现了保险行业本身以防范风险为核心、以服务客户为途径的特点，同时也体现了保险行业进一步明确"保险姓保"定位以后公司企业文化管理的变化。2018年，保险公司企业文化价值，排名前三位的是"以人为本""客户至上"和"稳健发展"，2019年前三位变为"稳健发展""客户至上""和谐"；2020年前三位为"以人为本""稳健发展""客户至上"。

从业者对保险行业的认可度始终保持在较高水平，认同保险行业对其有吸引力的从业者占比约75%，认为"即使离开公司，我仍然会长期留在保险行业"的从业者占比约60%。

员工的敬业度通过"思想""态度"和"行为"三方面来体现：思想体现了员工对于公司整体价值观理念、战略目标的认可度；态度体现为员工的留任意愿；行为体现为对工作的干劲、热情以及工作职责外对公司的投入程度。根据从业者问卷调研，保险行业从业者整体敬业度得分为5.2分，高于敬业标准4.5分。从敬业度的三个维度来看，得分最高的是思想敬业度，其次是行为敬业度，得分最低的是态度敬业度。

影响从业者敬业度表现高低的是三大驱动力：环境驱动力、群体驱动力和个人驱动力。环境驱动力表现为个人受到的工作场所和企业的影响，包括企业高管领导力、整体机制流程、企业风格等；群体驱动力表现为个人与工作场所相关的各方的互动关系，包括与直接上级、同事团队以及内部沟通互动的情况；个人驱动力表现为获得的物质回报、职业回报与个人能力成长、完成工作的条件满足情况。驱动力计分方式同敬业度，驱动力优秀的标准为 4.5 分。根据从业者问卷调研，保险行业总体驱动力得分 5.1 分，高于驱动力优秀标准。从三大驱动力维度来看，得分最高的是群体驱动力，其次是环境驱动力，得分最低的是个人驱动力。

第 3 章　中国保险行业人力资源现状分析（一）

第 3.1 节　中国保险行业人力资源发展指数

本节主要介绍了中国保险行业人力资源发展指数构建、2020 年中国保险行业人力资源发展指数以及 2015～2020 年人力资源发展指数变动情况。

3.1.1　中国保险行业人力资源发展指数构建

中国保险行业人力资源发展指数是中国保险行业协会在《2016 年中国保险行业人力资源报告》中首次提出的反映行业总体人力资源情况的指标。

中国保险行业人力资源发展指数的设立遵循全面性、简洁化和可比性的原则，力求尽量从多角度反映行业人力资源领域的实践情况，并汇总为每年度之间具有比较意义的单一数字。指数选择《2015 年中国保险行业人力资源白皮书》中的相关数据作为基期值 100，之后年份根据与基期比较的相对值来确定指数值。参考借鉴人力资源领域较为权威的发展指数以及保险行业反映行业特征指数的设定思路，如联合国开发计划署发布的人类发展指数、中国人民大学中国调查评价中心发布的中国发展指数、中国保险行业协会发布的中国保险发展指数等，中国保险行业人力资源发展指数从数量、质量、现状、未来四个角度考量，选择人力资源规模、人力资源素质、人力资源效能和人力资源潜力四个基本维度来进行构建。

保险行业人力资源发展指数采用层次分析法[①]构建，以多个层次结构来分解目标。每一层各因素两两相互比较，由多位行业专家评分得出重要性判断矩阵，由此确定权重。第一层次用于反映中国保险行业人力资源整体发展情况。第二层次以从业人员规模、从业人员素质、人力资源效能、人力发展潜力四个分领域反映人力资

---

① 层次分析法（Analytic Hierarchy Process，AHP）于 20 世纪 70 年代中期，由美国运筹学家萨蒂（T. L. Saaty）教授为美国国防部研究"根据各个工业部门对国家福利的贡献大小而进行电力分配"课题时首次提出。通过层次权重决策分析，将定性与定量方法相结合，能够用于复杂决策问题或系统性综合评价。由于它的实用性和有效性，被迅速、广泛地运用于经济、管理、资源分配等领域。

源具体实践情况，通过计算分领域指数实现。第三层次用于反映各领域内具体细化指标，其中从业人员规模指标包括保险公司员工数量、保险营销员（含代理人）数量；从业人员素质指标包括职业学历构成情况、专业技术职称获得情况；人力资源效能指标包括人均保费收入、人均薪酬水平、人力成本占总成本收入占比；人力发展潜力包括培训投入占总人力成本百分比、员工敬业度及文化驱动力、员工主动离职率、职工年龄结构分布，保险行业人力资源发展指数指标体系详见表 3–1。

表 3–1　　　　　　　　　保险行业人力资源发展指数指标体系

第一层	第二层	第三层
中国保险行业 人力资源发展指数	从业人员规模指标	（1）保险公司员工数量
		（2）保险营销员（含代理人）数量
	从业人员素质指标	（1）职工学历构成情况
		（2）专业技术职称获得情况
	人力资源效能指标	（1）人均保费收入
		（2）人均薪酬水平
		（3）人力成本占总成本比重
	人才发展潜力指标	（1）培训费用投入
		（2）员工敬业度及文化驱动力
		（3）员工主动离职率
		（4）职工年龄结构分布

中国保险行业人力资源发展指标体系需要随形势变化不断调整完善。本次初步搭建的基本保险人力资源发展指标库，有指标 11 个。随着保险统计制度的不断完善及数据来源的不断拓宽，将适时调整指体系，并兼顾连续性，确保指数能够更加科学、客观地反映保险行业人力资源发展不同阶段的新特征。

3.1.2　2020 年中国保险行业人力资源发展指数

以 2014 年作为基准年份，将该年的人力资源发展指数设定为 100，2020 年保险行业人力资源发展指数测算结果为 132.1。2019 年人力资源发展指数为 129，与上年相比，2020 年人力资源发展指数有所上升。

2020 年保险行业人力资源发展指数各维度中，人才发展潜力指标增长幅度最大，充分反映保险行业离职率下降和培训费用投入/总人力成本有所增长；其余两个维度均有略微上升，其中上升最少的是从业人员素质指数，较上年无变化；人力资源效能上升了 6.1，主要是由于人力成本占比和人均薪酬两个分维度的上升导致。从业人员规模指数有所下降，主要是由于受疫情影响职工数量与保代人员数量均有所下降所致。2020 年保险行业人力资源发展指数分维度得分详见表 3-2。

表 3-2　　　　　　　2020 年保险行业人力资源发展指数分维度得分

维度	2020 年分维度得分	2019 年分维度得分	得分增减	2020 年人力资源发展指数	2019 年人力资源发展指数	年度得分增减
从业人员规模指标	147.39	150.71	-3.3	132.1	129.3	2.8
从业人员素质指标	106.65	106.57	0.1			
人力资源效能指标	157.10	150.95	6.2			
人才发展潜力指标	97.35	96.18	1.2			

3.1.3　2015～2020 年人力资源指数趋势分析

2015～2020 年，保险行业人力资源发展指数 2014 年基数为 100.0，2015 年为 108.0，2016 年为 116.0，2017 年为 121.0，2018 年为 123.0，2019 年增长到 129.3，2020 年增长到 132.1，连续六年保持增长趋势，但年度增长率逐渐下降。2015～2020 年保险行业人力资源发展指数详见图 3-1。

分四个维度来看，从业人员规模指数在 2015～2019 年保持增长但增速放缓，直至 2020 年有所下降，过去五年间人员规模指数的快速增长主要来自保险营销员（含代理人）的快速增长，2020 年保险营销员（含代理人）规模较上年度下降 2.2%。自 2018 年起，保险营销员（含代理人）经过三年快速增长后进入人员增长拐点，对于销售行为合规要求和产品供给侧改革增大了保险营销员销售难度，保险行业增员速度放缓。根据银保监会公布的数据，保险营销员（含代理人）人数截至 2014 年底为 325.29 万人，2015 年、2016 年、2017 年底分别为

471.29 万人、657.28 万人、806.94 万人，2018 年为 871 万人，2019 年为 912 万人，2020 年为 843 万人。

图 3-1　2014~2020 年保险行业人力资源发展指数

2015~2017 年人力资源效能指数增长速度保持在年均 10%~20% 左右，2018 年下降 7%，2019 年较 2018 年增长 11.7%，2020 年较 2019 年上升 6.1%。人力资源效能指数的上升主要是因为参加调研公司的人力成本占比和人均薪酬两个分维度的上升。

从业人员素质指数在 2017~2020 年总体保持平稳。2020 年职工学历情况的调研结果显示，本科学历占比、硕士研究生学历占比相较 2014 年基准水平有所上升；调研的获得专业技术职称的员工人数相比 2014 年基准水平有所上升。

人才发展潜力指数呈现总体下滑态势，2015 年、2016 年有所增长，2017 年略有下降，2018 年增长且超过了 2016 年水平，2019 年再次下降，2020 年略有回升。该指标中 2020 年保险行业员工敬业度水平较 2019 年基本持平。2020 年调研的员工主动离职率比 2019 年有所下降，充分反映保险行业对核心人才的竞争和流动情况由于疫情稍有缓和。调研公司的培训费用投入与 2019 年相比基本持平但得分不高，体现保险公司培训费用投入略滞后于业务发展。2014~2020 年保险行业人力资源各维度发展指数详见图 3-2。

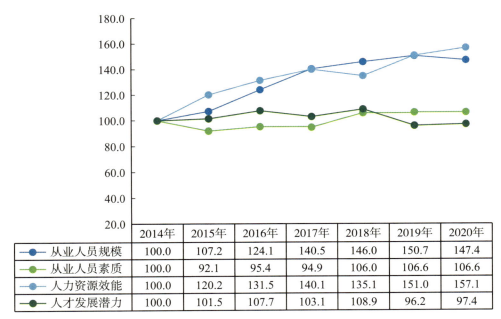

	2014年	2015年	2016年	2017年	2018年	2019年	2020年
从业人员规模	100.0	107.2	124.1	140.5	146.0	150.7	147.4
从业人员素质	100.0	92.1	95.4	94.9	106.0	106.6	106.6
人力资源效能	100.0	120.2	131.5	140.1	135.1	151.0	157.1
人才发展潜力	100.0	101.5	107.7	103.1	108.9	96.2	97.4

图 3 - 2　2014~2020 年保险行业人力资源各维度发展指数

第 3.2 节　保险公司人员配置情况

本节以保险公司人员配置为主题，主要介绍了保险公司各层级机构、各管理及专业序列的人员配置情况。

3.2.1　各层级机构人员情况

3.2.1.1　各层级机构员工人数

各层级机构员工人数随机构层级增加而增加。从行业总体来看，公司总部员工人数平均值为 633 人，较上年有明显提升。50 分位值为 247 人；二级机构员工人数平均值为 1331 人，较上年有明显提升。50 分位值为 379 人；三级机构员工人数平均值为 1891 人，较上年有明显提升。50 分位值为 299 人。行业总体各层级机构员工人数详见图 3 -3。

对比不同险种公司，财产险公司总部员工人数平均值为 746 人，较上年有所上升，50 分位值为 217 人；二级机构员工人数平均值为 1296 人，较上年有所上升，50 分位值为 435 人；三级机构员工人数平均值为 2378 人，较上年有明显提升，50 分位值为 452 人。财产险公司各层级机构员工人数详见图 3 -4。

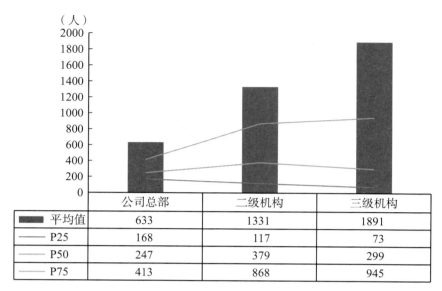

（人）

	公司总部	二级机构	三级机构
平均值	633	1331	1891
P25	168	117	73
P50	247	379	299
P75	413	868	945

图 3－3　各层级机构员工人数——行业总体

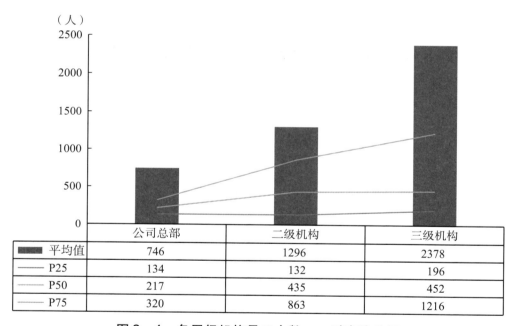

（人）

	公司总部	二级机构	三级机构
平均值	746	1296	2378
P25	134	132	196
P50	217	435	452
P75	320	863	1216

图 3－4　各层级机构员工人数——财产险公司

　　人身险公司总部员工人数平均值为 553 人，较上年有所提升，50 分位值为 299 人；二级机构员工人数按照上述顺序依次为 1504 人、439 人，较上年有所上升；三级机构员工人数按照上述顺序依次为 1683 人、242 人，较上年有明显提升。人身险公司各层级机构员工人数详见图 3－5。

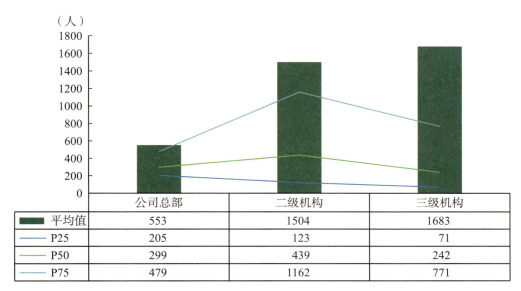

	公司总部	二级机构	三级机构
平均值	553	1504	1683
P25	205	123	71
P50	299	439	242
P75	479	1162	771

图3-5 各层级机构员工人数——人身险公司

3.2.1.2 各层级机构管理者与普通员工分布

从行业总体来看，各层级机构中，公司总部管理者人数占比最高，为21.0%；对比不同险种公司，人身险公司总部管理者人数占比高于财产险公司，达26.5%，财产险公司总部管理者人数占比14.7%；对比不同规模公司，大型公司总部管理者人数占比11.6%，低于中小型公司总部管理者人数占比（28.8%）。不同险种、不同规模公司各层级机构管理者与普通员工人员分布详见图3-6。

3.2.1.3 各层级机构管理者结构

从公司总部来看，核心层管理者占比行业总体为0.5%，财产险公司略高，为1.8%，人身险公司为0.3%，中小型公司最高，为2.3%，大型公司最低，为0.2%；高层管理者占比行业总体为2.9%，财产险公司与中小型公司偏高，占比在10%左右，人身险公司与大型公司占比偏低，分别为2.1%与1.0%；中层管理者占比行业总体为13.2%，财产险公司最高，为35.4%，大型公司最低，为8.1%。在基层管理者方面，大型公司因规模原因，占比最高，达90.7%，财产险公司与中小型公司占比偏低，约53.4%。不同险种、不同规模公司的总部管理者结构详见图3-7。

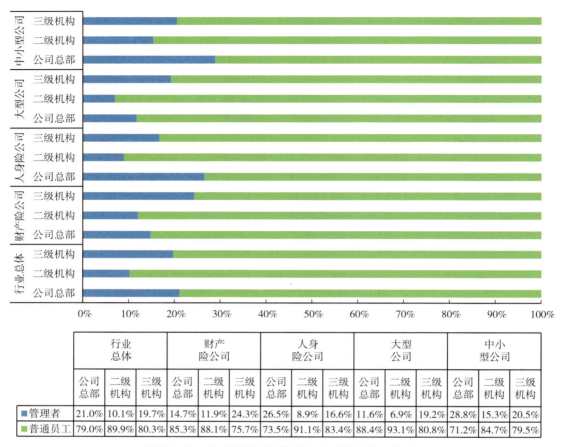

	行业总体			财产险公司			人身险公司			大型公司			中小型公司		
	公司总部	二级机构	三级机构	公司总部	二级机构	三级机构	公司总部	二级机构	三级机构	公司总部	二级机构	三级机构	公司总部	二级机构	三级机构
■管理者	21.0%	10.1%	19.7%	14.7%	11.9%	24.3%	26.5%	8.9%	16.6%	11.6%	6.9%	19.2%	28.8%	15.3%	20.5%
■普通员工	79.0%	89.9%	80.3%	85.3%	88.1%	75.7%	73.5%	91.1%	83.4%	88.4%	93.1%	80.8%	71.2%	84.7%	79.5%

图 3-6　各层级机构管理者与普通员工分布

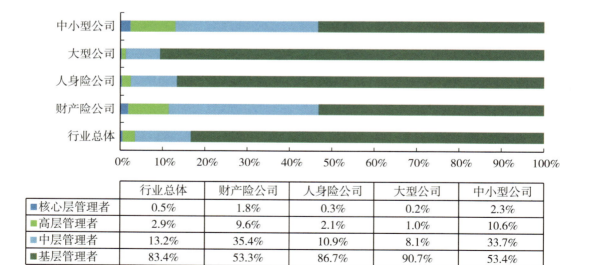

	行业总体	财产险公司	人身险公司	大型公司	中小型公司
■核心层管理者	0.5%	1.8%	0.3%	0.2%	2.3%
■高层管理者	2.9%	9.6%	2.1%	1.0%	10.6%
■中层管理者	13.2%	35.4%	10.9%	8.1%	33.7%
■基层管理者	83.4%	53.3%	86.7%	90.7%	53.4%

图 3-7　各层级机构管理者结构——公司总部

从分支机构来看，按管理职务统计管理者结构，行业总体三级机构部门管理者占比最高，为27.8％，其次为四级机构主要负责人占比，为27.7％，第三为二级机构部门主要负责人占比，为13.9％；不同类型公司分支机构管理者占比基本一致。不同险种、不同规模公司分支机构管理者结构详见图3-8。

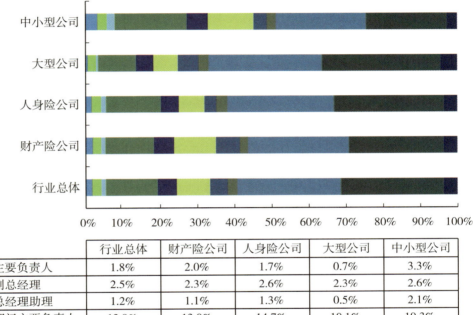

	行业总体	财产险公司	人身险公司	大型公司	中小型公司
二级机构主要负责人	1.8%	2.0%	1.7%	0.7%	3.3%
二级机构副总经理	2.5%	2.3%	2.6%	2.3%	2.6%
二级机构总经理助理	1.2%	1.1%	1.3%	0.5%	2.1%
二级机构部门主要负责人	13.9%	13.0%	14.7%	10.1%	19.3%
二级机构部门副总及助理	5.1%	5.4%	4.8%	4.7%	5.7%
三级机构主要负责人	9.0%	11.3%	6.9%	6.6%	12.3%
三级机构副总经理	4.8%	6.5%	3.3%	5.6%	3.6%
三级机构总经理助理	2.6%	2.2%	3.0%	2.8%	2.5%
三级机构部门管理人员	27.8%	27.1%	28.6%	30.4%	24.2%
四级机构主要负责人	27.7%	25.5%	29.6%	31.9%	21.7%
四级机构副职及助理	3.6%	3.6%	3.5%	4.4%	2.7%

图3-8 各层级机构管理者结构——分支机构

3.2.1.4 各层级机构普通员工结构

从行业总体来看，各层级机构前台员工人数占比最高，二级机构为58.5％、三级机构为65.3％、四级机构为80.1％。不同险种、不同规模公司的人员结构基本一致，其中，大型公司的前台占比普遍高于中小型公司。从过去三年的情况来看，各层级机构前中后台员工人数占比总体变化不大。不同险种、不同规模公司的各层级机构前中后台员工结构详见图 3 - 9。

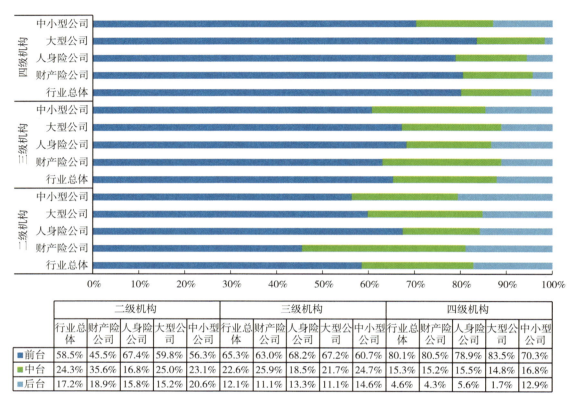

	二级机构					三级机构					四级机构				
	行业总体	财产险公司	人身险公司	大型公司	中小型公司	行业总体	财产险公司	人身险公司	大型公司	中小型公司	行业总体	财产险公司	人身险公司	大型公司	中小型公司
■前台	58.5%	45.5%	67.4%	59.8%	56.3%	65.3%	63.0%	68.2%	67.2%	60.7%	80.1%	80.5%	78.9%	83.5%	70.3%
■中台	24.3%	35.6%	16.8%	25.0%	23.1%	22.6%	25.9%	18.5%	21.7%	24.7%	15.3%	15.2%	15.5%	14.8%	16.8%
■后台	17.2%	18.9%	15.8%	15.2%	20.6%	12.1%	11.1%	13.3%	11.1%	14.6%	4.6%	4.3%	5.6%	1.7%	12.9%

图 3 - 9   各层级机构前中后台员工结构

3.2.2   管理者及主要专业序列人员分布

3.2.2.1   各序列人员结构

保险行业人力资源报告调研了不同层级的管理者、董监事会公司治理人员、销售（非代理）、投资管理、再保险、两核人员、精算（含产品、研发）、客户服务管理、信息技术、风险管控、财务管理、人力资源管理、教育培训、办公室行政管理等保险公司主要专业序列人员的人员数量和结构。

管理者、销售（非代理）人员、其他专业序列人员的人数配比，2020 年平均为 1 : 1.5 : 1.6，较往年销售人员比例有所下降。相比 2019 年，管理序列和中台专业人员人数占比略有上升，后台专业人员人数占比、销售（非代理）人员人数占比则有所下降，且近四年管理序列人员占比整体有所提升。具体而言，管理者人数占比从 2017 年的不足 20% 上升到了 20% 以上；销售（非代理）人员人数占比从 2017 年的约 51.4% 下降到 2020 年的约 36.3%；业务管理（即销售管理和销售支持）人员占比明显提升；两核人员、客户服务管理人员的人数占比则略有下降。2017～2020 年各序列人员占比详见表 3-3。

表 3-3　　　　　　　　2017～2020 年各序列人员结构　　　　　　单位：%

各序列人员		2017 年	2018 年	2019 年	2020 年
管理序列总体		13.5	22.7	21.4	24.2
	核心层管理者	0.03	0.2	0.4	0.1
	高层管理者	0.5	1.6	1.7	0.8
	中层管理者	2.7	6.8	6.4	3.9
	基层管理者	10.3	13.5	12.7	19.3
前台总体		51.4	43.5	42.3	36.3
	销售（非代理）总体	51.4	43.5	42.3	36.3
中台总体		19.6	23.8	25.9	31.1
	两核总体	8.8	10.2	8.4	5.3
	客户服务管理	4.3	4.9	4.2	3.4
	业务管理	4.7	6.5	11.1	20.8
	信息技术总体	1.5	1.3	1	1.1
	精算（含产品、研发）	0.2	0.3	0.3	0.2
	投资管理	0.2	0.6	0.4	0.2
后台总体		15.5	10.5	9.8	8.4
	财务管理	3.1	3.4	3.7	1.8
	办公行政管理	3.3	2.7	2.4	1.5
	人力资源管理	1.2	1.3	0.9	0.6
	教育培训	1.5	0.9	1.9	0.1
	风险管控总体	1.1	0.9	1.1	0.6
	董事会办公室	0.04	0.1	0.1	0.03
	监事会办公室	0.01	0.01	0	0.01
其他		5.1	1.3	1	4

2020 年管理者及主要专业序列人员结构，从行业总体来看，管理者人数占员工总人数的 24.2%，专业序列人员人数占比员工总人数的 75.8%，管理者占比略

有提高，专业序列人员占比略有下降。人数最多的为销售人员，占比约为 36.5%。其次为业务管理（即销售管理和销售支持）人员，占比约为 20.8%。对比不同险种公司，人身险公司的基层管理者人数占比明显高于财产险公司。对比不同规模公司，大型公司的基层管理者人数占比高于中小型公司约 7 个百分点；中小型公司业务管理人员人数占比低于大型公司约 13.5 个百分点。2020 年管理者及主要专业序列人员结构详见图 3 – 10。

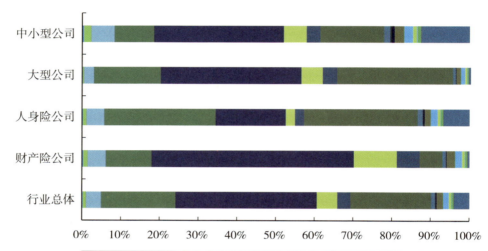

	行业总体	财产险公司	人身险公司	大型公司	中小型公司
■核心层管理者	0.1%	0.2%	0.10%	0.0%	0.3%
■高层管理者	0.8%	1.1%	0.90%	0.3%	1.9%
■中层管理者	3.9%	4.7%	4.60%	2.6%	6.0%
■基层管理者	19.3%	11.9%	28.80%	17.3%	10.3%
■销售（非代理）总体	36.5%	52.2%	18.10%	36.3%	33.5%
■两核总体	5.3%	11.1%	2.40%	5.5%	5.9%
■客户服务管理	3.4%	5.9%	2.30%	3.7%	3.5%
■业务管理	20.8%	5.8%	29.30%	29.9%	16.4%
■信息技术总体	1.1%	1.0%	1.40%	0.8%	1.7%
■精算（含产品、研发）	0.2%	0.1%	0.20%	0.1%	0.4%
■投资管理	0.2%	0.1%	0.30%	0.0%	0.7%
■财务管理	1.6%	2.1%	1.50%	1.1%	2.4%
■办公行政管理	1.5%	1.8%	1.80%	1.1%	2.3%
■人力资源管理	0.6%	0.7%	0.70%	0.5%	1.0%
■教育培训	0.1%	0.1%	0.10%	0.1%	0.2%
■风险管控总体	0.6%	0.6%	0.70%	0.4%	1.0%
■董事会办公室	0.0%	0.0%	0.03%	0.0%	0.1%
■监事会办公室	0.0%	0.0%	0.02%	0.0%	0.0%
■其他	4.0%	0.5%	6.70%	0.2%	12.4%

图 3 –10　2020 年管理者及主要专业序列人员结构

3.2.2.2　年龄结构

2017～2020 年参与调研保险公司员工年龄段分布呈现上升趋势。25 岁及以下员工人数占比逐年降低，26～35 岁、46 岁以上员工人数占比稳定，36～45 岁员工人数占比逐年提高。2017～2020 年员工整体年龄结构详见表 3-4。

表 3-4	2017～2020 年员工整体年龄结构			单位：%
项目	2017 年	2018 年	2019 年	2020 年
25 岁及以下	19	14	12	11
26～35 岁	47	47	47	47
36～45 岁	23	24	26	28
46 岁以上	11	15	15	14

3.2.2.3　学历结构

2017～2020 年参与调研保险公司员工学历水平呈现上升趋势。从 2020 年来看，本科及以上学历占比均为四年来最高，大专、中专及以下学历占比均为四年来最低。2017～2020 年员工整体学历结构详见表 3-5。

表 3-5	2017～2020 年员工整体学历结构			单位：%
项目	2017 年	2018 年	2019 年	2020 年
中专及以下	9.7	9.6	9.4	7.1
大专	36.5	30.8	31.4	28.3
本科	49.7	54.2	54.4	58.2
硕士研究生	4.0	5.2	4.7	5.9
博士研究生及以上	0.1	0.2	0.1	0.5

3.2.3　管理者结构

3.2.3.1　管理者性别结构

从行业总体来看，各级机构管理者中男性占比均高于女性占比。其中，二级机构主要负责人男性占比最高，为 78.9%，较 2019 年有所下降。其次为三级机构班子，男性占比 74.0%，较 2019 年略有下降。再次为二级机构部门副职及助理，男性占比为 73.7%。2020 年管理者性别结构详见图 3 - 11。

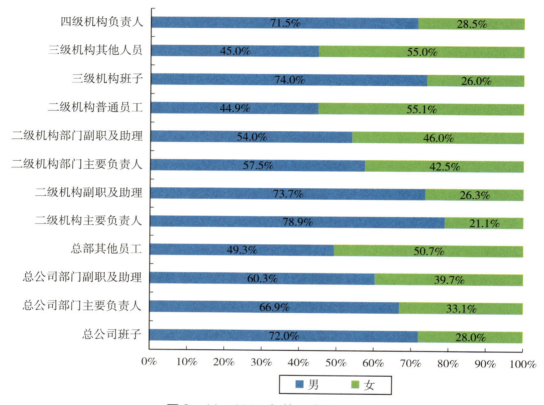

图 3 - 11　2020 年管理者性别结构

3.2.3.2　管理者年龄结构

与 2019 年相比，2020 年参与调研保险公司管理者年龄段分布呈明显上升趋势。25 岁及以下管理者人数占比从 2019 年的 8.0% 降低到 2020 年的 2.3%。26～35 岁管理者人数占比较 2019 年有明显下降，36 岁以上管理者人数占比从 2019 年的 29.0% 提升到 2020 年的 45.4%，46 岁以上的管理者人数占比较 2019 年提升了 15.3%，达 30.3%。2017～2020 年管理者年龄结构详见表 3 - 6。

表 3 – 6	2017 ~ 2020 年管理者年龄结构			单位：%
项目	2017 年	2018 年	2019 年	2020 年
25 岁及以下	9.0	2.0	8.0	2.3
26 ~ 35 岁	36.0	35.0	48.0	22.0
36 ~ 45 岁	35.0	41.0	29.0	45.4
46 岁以上	20.0	22.0	15.0	30.3

3.2.3.3　管理者学历结构

2017 ~ 2020 年参与调研保险公司管理者学历水平呈波动趋势。从 2020 年整体上看，本科及以上学历管理者人数占比达 76.9%，为近四年最高。2017 ~ 2020 年管理者学历结构详见表 3 – 7。

表 3 – 7	2017 ~ 2020 年管理者学历结构			单位：%
项目	2017 年	2018 年	2019 年	2020 年
中专及以下	3.3	1.9	3.7	4.0
大专	29.4	21.3	22.1	19.1
本科	58.2	66.9	66.2	63.5
硕士研究生	8.7	9.5	7.8	10.8
博士研究生及以上	0.4	0.4	0.2	2.6

2020 年管理者学历结构，从行业总体来看，除二级机构部门主要负责人外，管理者学历随着管理者级别上升而增加。与专业序列普通员工相比，管理者学历更高，除四级机构负责人外的管理者本科及以上学历人数占比均超过 75%。2020 年管理者学历结构详见图 3 – 12。

3.2.4　专业序列人员结构

3.2.4.1　专业序列性别结构

从行业总体来看，男性占比为 47.5%，女性占比为 52.5%；对比不同险种公司，人身险公司女性占比更高，为 56.5%；对比不同规模公司，中小型公司女性占比更高，为 57.4%。2020 年专业序列人员性别结构详见图 3 – 13。

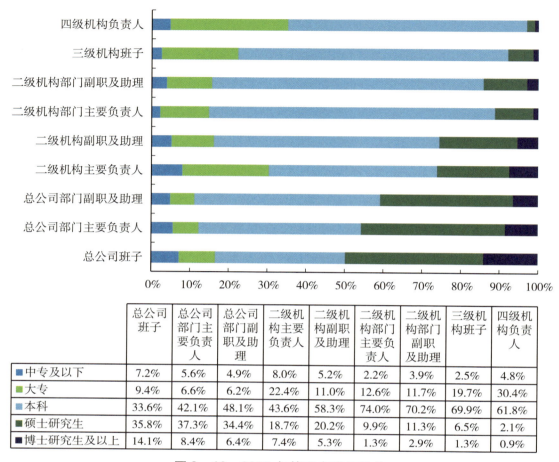

	总公司班子	总公司部门主要负责人	总公司部门副职及助理	二级机构主要负责人	二级机构副职及助理	二级机构部门主要负责人	二级机构部门副职及助理	三级机构班子	四级机构负责人
■中专及以下	7.2%	5.6%	4.9%	8.0%	5.2%	2.2%	3.9%	2.5%	4.8%
■大专	9.4%	6.6%	6.2%	22.4%	11.0%	12.6%	11.7%	19.7%	30.4%
■本科	33.6%	42.1%	48.1%	43.6%	58.3%	74.0%	70.2%	69.9%	61.8%
■硕士研究生	35.8%	37.3%	34.4%	18.7%	20.2%	9.9%	11.3%	6.5%	2.1%
■博士研究生及以上	14.1%	8.4%	6.4%	7.4%	5.3%	1.3%	2.9%	1.3%	0.9%

图 3-12　2020 年管理者学历结构

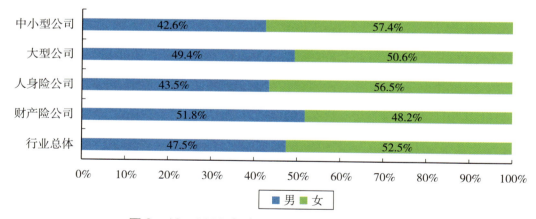

图 3-13　2020 年专业序列人员整体性别结构

3.2.4.2　专业序列年龄结构

2020 年专业序列人员 25 岁及以下人数占比较 2019 年提高 6%，26~35 岁人数占比持平，36~45 岁人数占比较 2018 年持平，较 2019 年降低 2%，46 岁以上人数占比为近四年最低，第一次降至 8%。2017~2020 年专业序列人员年龄结构详见表 3-8。

表 3-8　　　　　　　　2017~2020 年专业序列整体年龄结构　　　　　　单位：%

项目	2017 年	2018 年	2019 年	2020 年
25 岁及以下	21	12	9	15
26~35 岁	49	51	52	52
36~45 岁	20	25	27	25
46 岁以上	10	12	12	8

2020 年专业序列人员年龄结构，从行业总体来看，35 岁及以下员工人数占比为 67%，较 2019 年上升 6%。36~45 岁员工人数占比为 25%，46 岁以上员工人数占比为 8%；对比不同险种公司，各年龄段占比基本一致；对比不同规模公司，大型公司 25 岁及以下员工人数占比更高，为 18%，中小型公司仅为 7%。2020 年专业序列整体年龄结构详见图 3-14。

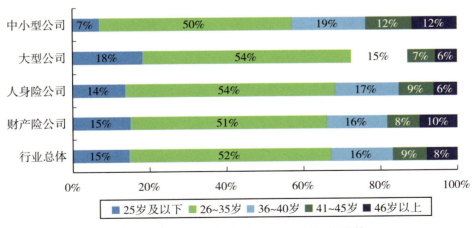

图 3-14　2020 年专业序列整体年龄结构

2020 年主要专业序列人员年龄结构方面，精算人员在 26～35 岁占比最大，为 67%，46 岁及以上人员占比最大为办公行政管理，占比达 25%。2020 年主要专业序列人员年龄结构详见图 3－15。

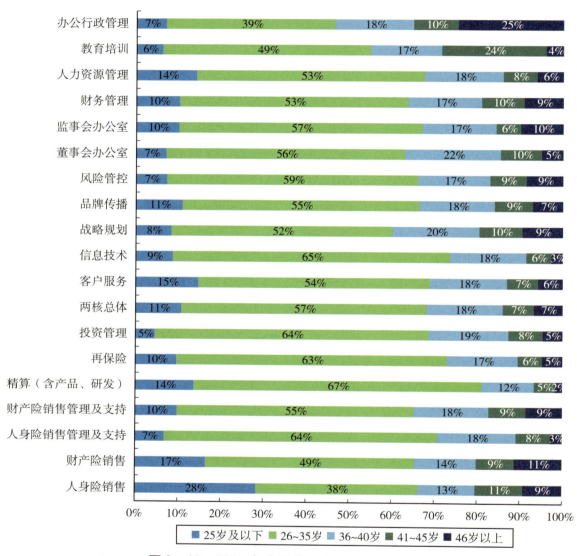

图 3－15　2020 年主要专业序列人员年龄结构

3.2.4.3　专业序列学历结构

近四年参与调研保险公司专业序列人员学历水平变化不大，本科及以上学历占比略有提高，维持在 55% 左右。2017～2020 年专业序列人员学历结构详见表 3－9。

表 3 - 9　　　　　　　　　　2017 ~ 2020 年专业序列整体学历结构　　　　　　　　单位：%

项目	2017 年	2018 年	2019 年	2020 年
中专及以下	10.8	10.8	10.6	10.1
大专	37.8	34.2	33.3	35.1
本科	48.2	50.5	52.0	50.5
硕士研究生	3.2	4.4	4.0	3.8
博士研究生及以上	0.0	0.1	0.1	0.5

行业总体方面，本科学历员工占比最高，为 51%，与 2019 年基本一致；其次为大专学历员工，占比 35%；而博士研究生员工占比最低，为 0.5%。不同险种、不同规模公司的人员学历结构基本一致，财产险公司与中小型公司中专及以下学历稍多。2020 年员工整体学历结构详见图 3 - 16。

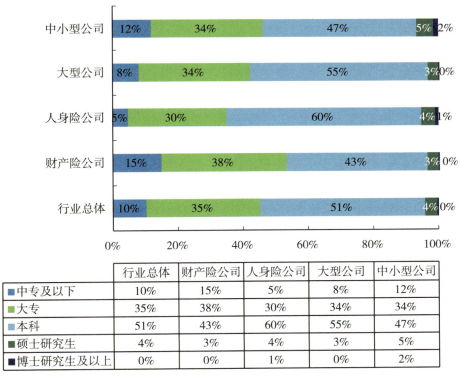

	行业总体	财产险公司	人身险公司	大型公司	中小型公司
■中专及以下	10%	15%	5%	8%	12%
■大专	35%	38%	30%	34%	34%
■本科	51%	43%	60%	55%	47%
■硕士研究生	4%	3%	4%	3%	5%
■博士研究生及以上	0%	0%	1%	0%	2%

图 3 - 16　2020 年专业序列整体学历结构

分专业序列看，各序列员工的学历结构差异较大，董事会办公室人员、战略规划、投资管理、精算人员学历水平相对较高，硕士研究生及以上学历员工人数占比分别为 48%、44%、72%、74%；大专及以下学历员工人数占比最高的为人身险销售外勤和财产险销售人员，分别为 70%、62%。2020 年主要专业序列人员学历结构详见图 3 – 17。

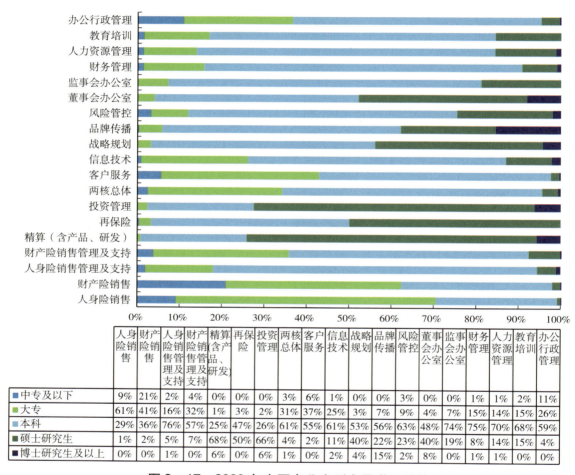

	人身险销售	财产险销售	人身险销售管理及支持	财产险销售管理及支持	精算(含产品、研发)	再保险	投资管理	两核总体	客户服务	信息技术	战略规划	品牌传播	风险管控	董事会办公室	监事会办公室	财务管理	人力资源管理	教育培训	办公行政管理
中专及以下	9%	21%	2%	4%	0%	0%	0%	3%	6%	1%	0%	0%	3%	0%	0%	1%	1%	2%	11%
大专	61%	41%	16%	32%	1%	3%	2%	31%	37%	25%	3%	7%	9%	4%	7%	15%	14%	15%	26%
本科	29%	36%	76%	57%	25%	47%	26%	61%	55%	61%	53%	56%	63%	48%	74%	75%	70%	68%	59%
硕士研究生	1%	2%	5%	7%	68%	50%	66%	4%	2%	11%	40%	22%	23%	40%	19%	8%	14%	15%	4%
博士研究生及以上	0%	0%	1%	6%	6%	0%	6%	1%	0%	2%	4%	15%	2%	8%	0%	1%	1%	0%	0%

图 3 – 17　2020 年主要专业序列人员学历结构

3.2.5　案例：富德生命人寿组织架构改革

富德生命人寿自 2015 年开启"转型升级"以来，调整价值保费政策，完善组织架构，引入价值考核和绩优导向，不断推进资源配置、管理方式和业务推动方式的转变与升级，自我造血能力不断增强，在经营成果上取得明显成效。

在组织架构方面，富德生命人寿近年来在保持较大组织架构的稳定性的同时，因多方面原因多次对组织架构进行了调整。一是根据公司发展阶段的不同进行调整，例如随着公司规模逐渐稳定，下辖三四级机构数量扩张基本完成，撤销了原机构发展部、创新拓展部，撤变银保管理中心和营销管理中心为银保 3 个细分部门和营销 3 个细分部门。二是根据公司业务经营重点的变化进行调整，例如因经代业务在公司占比较小而撤销经代业务部，并将经代业务纳入大个险体系统一管理，以借助个险专业化经营力量助推经代业务良性发展。三是根据上级保险控股公司整体组织架构的变化进行调整，例如为整合集团审计资源，加强审计力量，保持内部审计独立性，上级保险控股公司成立了审计稽核中心，相应撤销了审计稽核部。四是根据上级监管部门管理的要求进行调整，例如近年来为加强公司风控合规和资产匹配管理，按照监管要求增设了风险管理部、资产负债管理部。五是根据业务市场发展变化因势调整，例如 2020 年为应对电话销售和网络销售市场环境变化带来的压力与挑战，撤销了电子商务中心（健康险事业部）和电话销售中心的架构，整合了电销、网销两个渠道的资源，成立了多元行销中心（健康险事业部）。

　　除上述对组织结构的直接调整以外，富德生命人寿还通过各种临设机构推动业务的转型升级和治理结构的完善，例如通过建立董事长办公会、临时资产管理工作小组、人事工作小组等机制，对重大经营管理事项、重大资产处置以及重要人事安排进行集体研究决策和督办落实；通过建立总经理办公会、销售委员会等会议机制，统筹总分公司销售政策和资源配置，打破了条线的沟通壁垒，实现了业务政策和资源投放的专业化、阳光化；公司监事会不断加强监督职能，在决策和监督机制上做出了积极的探索。通过上述这一系列制度机制建设，富德生命人寿基本实现了权力制衡、利益分配、激励约束机制运行的有效性，保证了转型在决策机制和组织架构上的系统性和效率性。

　　（案例来源：由编写组成员进行行业专题访谈后整理所得。）

第 3.3 节　保险行业岗位体系

　　本节以保险行业岗位体系为主题，内容包括保险公司岗位价值评估方法以及岗位价值级别数量。

3.3.1 岗位价值评估方法

岗位价值评估是通过考察岗位内容和组织架构，用一套连续有序的方式，在一个组织内部确定不同岗位相对价值重要性大小的方法，以此搭建职位体系。目前保险行业岗位价值评估的典型方法包括：价值因素法、角色能力法。价值因素法是指公司选定若干核心维度对岗位进行评分，各核心维度得分总和的区间对应不同的职级，价值因素法常用的评估维度包括岗位的专业知识、职责范围、影响范围和大小、沟通要求、团队管理等方面。角色能力法是指公司根据每个岗位承担的角色、业务贡献、协同要求、能力素质等作为核心因素，按照不同的水平对应不同的职级。

从行业总体来看，使用价值因素法进行岗位价值评估的公司占比为 50.9%，不同险种、不同规模公司与行业基本保持一致。岗位价值评估方法使用情况详见图 3－18。

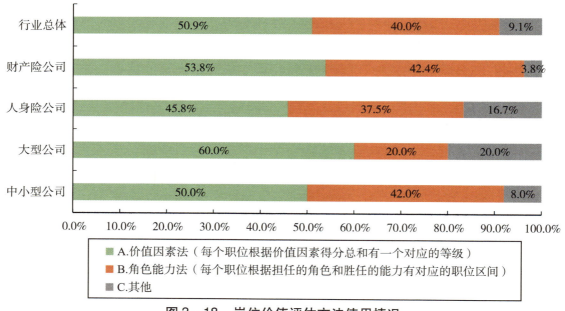

图 3－18　岗位价值评估方法使用情况

3.3.2 岗位价值级别数量

从过去三年的情况来看，进行岗位价值评估的保险公司稳定在 60% 左右，2020年比 2019 年有所下降。2017～2020 年保险公司开展岗位价值评估情况详见表 3－10。

表 3 – 10　　　　　　　　2017 ~ 2020 年保险公司开展岗位价值评估情况　　　　单位：%

项目	2017 年	2018 年	2019 年	2020 年
开展岗位价值评估的公司占比	59.84	62.30	60.40	56.00
未开展岗位价值评估的公司占比	40.16	37.70	39.60	44.00

　　在已建立岗位价值评估体系的公司中，岗位价值级别数量为 15 ~ 20 级的公司占比最高，为 24.6%，与过往几年情况基本一致。对比不同险种公司，财产险公司岗位价值级别数量为 5 ~ 10 级的占比高于人身险公司；对比不同规模公司，大型公司岗位价值级别数量为 15 ~ 20 级的占比高于中小型公司。岗位价值级别数量详见图 3 – 19。

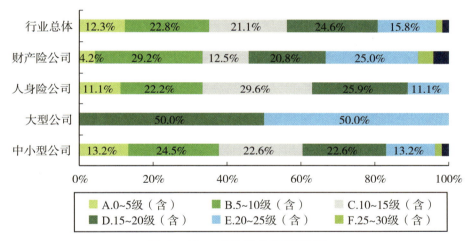

图 3 – 19　岗位价值级别数量

　　参与调研保险公司的岗位价值数量多集中在 5 ~ 10 级到 20 ~ 25 级的范围内，且整体上有级别数量上升的趋势。2017 ~ 2020 年岗位价值级别数量详见表 3 – 11。

表 3 – 11　　　　　　　　　2017 ~ 2020 年岗位价值级别数量　　　　　　　单位：%

项目	2017 年	2018 年	2019 年	2020 年
0 ~（含）5 级	10.26	12.00	22.5	12.3
5 ~（含）10 级	19.23	16.00	17.2	22.8

续表

项目	2017 年	2018 年	2019 年	2020 年
10 ~（含）15 级	25.64	17.33	13.8	21.1
15 ~（含）20 级	20.51	34.67	29.3	24.6
20 ~（含）25 级	16.67	12.00	10.3	15.8
25 ~（含）30 级	5.13	5.33	1.7	1.7
30 级以上	2.56	2.67	5.2	1.7

第 3.4 节　保险公司人才供给

本节围绕保险公司人才供给情况，介绍专业序列人才需求、获得人才的主要渠道和方式以及应届毕业生供给以及人员管理。

3.4.1　人员招聘管理

3.4.1.1　招聘需求

招聘需求涵盖了销售（非代理）、投资管理、核保管理、理赔管理、精算（含产品、研发）、业务管理、客户服务管理、信息技术数据、信息技术开发、风险合规、法律事务、稽核内审、资产负债管理、财务管理、人力资源管理、教育培训、办公行政管理等保险公司主要序列。

从行业总体来看，2020 年招聘需求排名前列的依次为销售（非代理）、业务管理、信息技术开发、精算（含产品、研发）、核保管理，招聘需求前四位与 2019 年、2018 年的情况一致，只是排位根据当年度的业务发展需要和人才竞争情况略有调整。对比不同险种公司，财产险公司需求最大的是销售（非代理）和理赔管理；人身险公司需求最大的是业务管理和销售（非代理）。对比不同规模公司，大型公司需求最高的是信息技术开发，而中小型公司需求最高的则是销售（非代理），体现了不同规模公司专业职能的发展重心的明显区别。招聘需求优先度排序详见图 3 - 20。

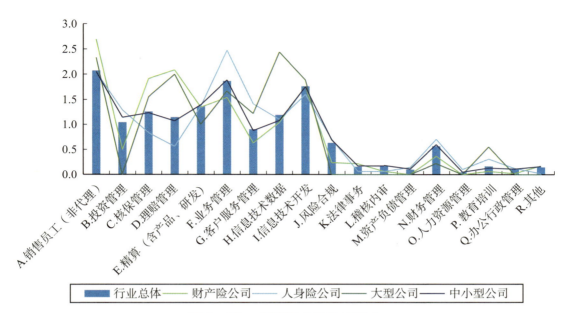

图 3-20　招聘需求优先度排序

与 2019 年相比，2020 年招聘需求的前五位不变，"销售（非代理）"和"信息技术开发"上升了一位，"业务管理"和"精算（含产品、研发）"退后一位。2017～2020 年招聘需求排序详见表 3-12。

表 3-12　　　　　　　　2017～2020 年招聘需求排序

排序	2017 年	2018 年	2019 年	2020 年
1	销售（非代理）	销售（非代理）	业务管理	销售（非代理）
2	精算（含产品、研发）	业务管理	销售（非代理）	业务管理
3	信息技术开发	信息技术开发	精算（含产品、研发）	信息技术开发
4	业务管理	精算（含产品、研发）	信息技术开发	精算（含产品、研发）
5	核保管理	核保管理	核保管理	核保管理

3.4.1.2　常用招聘渠道

公司需要根据专业人才的类型、层次、能力要求，结合实际情况选择适当的招聘渠道。从行业总体来看，保险公司常用人才招聘渠道前五名依次是传统招聘网站、内部推荐、猎头公司、校园招聘、社交媒体（微信、微博、领英等）。对比不同险种公司，招聘渠道差异较小。对比不同规模公司，大型公司校园定向招聘渠道使用显著高于中小型公司以及行业总体，主要可能因为大型公司在品牌影响力与社会形象、管理体系、经营业绩等方面更具有优势，能够在校园定向招聘中更好地吸引在校大学生；同时，大型公司人才队伍更加庞大，对补给新鲜血液的需求相较中小型公司更强。不同险种、不同规模公司常用招聘渠道详见图 3 – 21。

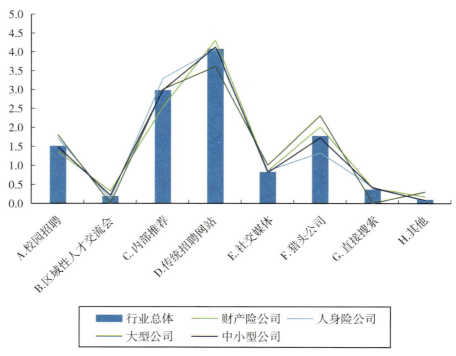

图 3 – 21　常用招聘渠道

　　从过去三年的情况看，"内部推荐"和猎头公司一直位于使用频率排名的前三位。2020 年与前两年不同，最常使用的招聘渠道是"传统招聘网站"。

　　从序列上来看，内勤人员招聘渠道最常用的方式为传统招聘网站，外勤人员招聘渠道最常用的方式为内部推荐和传统招聘网站。对比不同险种公司，各职级常用招聘渠道与行业总体基本一致。对比不同规模公司对外勤人员的招聘，大型公司相较中小型公司更多采用传统招聘网站的方式。不同险种、不同规模公司内勤外勤人员主要招聘渠道详见图 3 – 22。

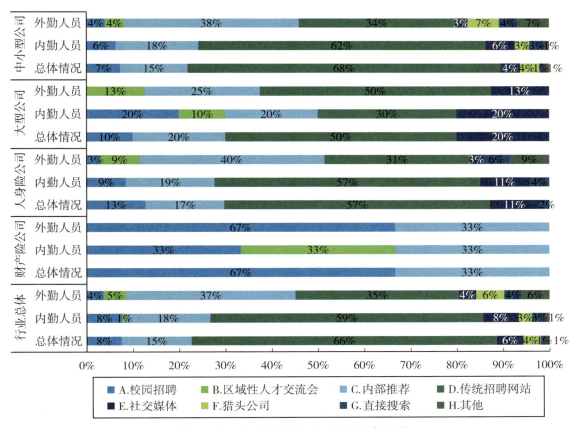

图 3 -22　内勤外勤人员主要招聘渠道

不同险种、不同规模公司人员招聘渠道与行业总体基本一致。从行业总体分职级来看，L1～L4 职级最常用的招聘渠道是招聘广告，占比分别为 38%、63%、56%；L5～L6 职级最常用的是猎头公司，占比分别为 56%、61%。不同险种、不同规模公司人员招聘渠道与行业总体基本一致。各职级人员招聘渠道使用频率详见图 3 -23 至图 3 -27。

3.4.1.3　招聘渠道有效性

从行业总体来看，内部推荐、传统招聘网站、猎头公司的有效性认可度最高。不同险种、不同规模公司与行业总体基本保持一致。招聘渠道有效性详见图 3 -28。

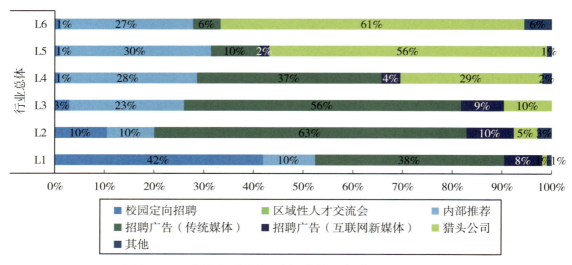

图 3-23　各职级人员招聘渠道使用频率——行业总体

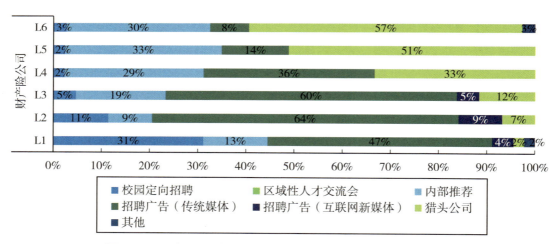

图 3-24　各职级人员招聘渠道使用频率——财产险公司

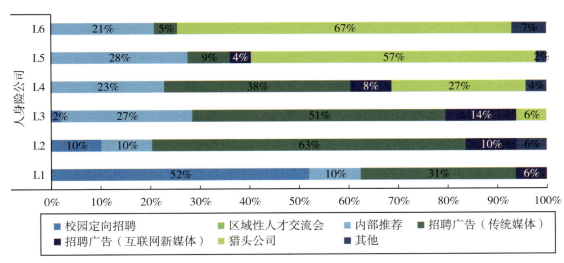

图 3-25　各职级人员招聘渠道使用频率——人身险公司

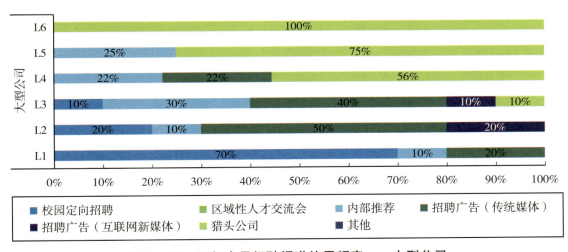

图 3-26　职级人员招聘渠道使用频率——大型公司

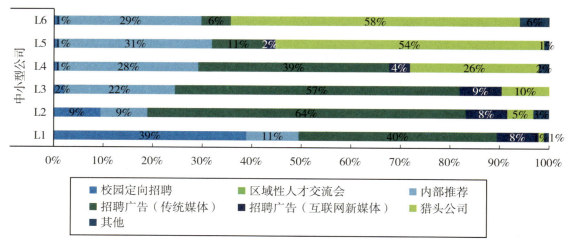

图 3-27　各职级人员招聘渠道使用频率——中小型公司

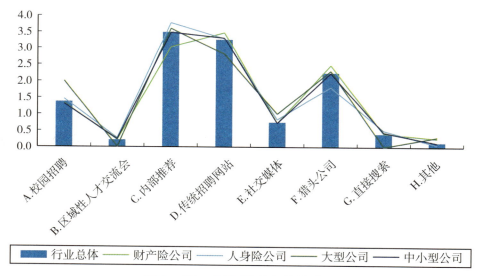

图 3-28　招聘渠道有效性情况

3.4.1.4　招聘渠道费用投入

从行业总体来看，招聘渠道费用投入排名前三位的依次是传统招聘网站、猎头公司和校园招聘；不同险种、不同规模公司与行业总体基本保持一致。不同险种、不同规模公司招聘渠道费用投入情况详见图3－29。

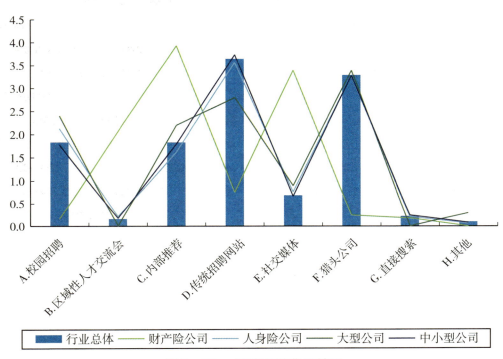

图3－29　招聘渠道费用情况

3.4.1.5　招聘成本

从行业总体来看，内勤人员人均招聘成本500元以下的占比为24%，外勤人员人均招聘成本500元以下的占比为52%；对比不同险种公司，财产险公司内勤人员人均招聘成本500元以下的占比为37%，高于人身险公司的9%；对比不同规模公司，大型公司内勤人员人均招聘成本500元以下的占比为20%；外勤的占比为63%，高于中小型公司。人均招聘成本详见图3－30。

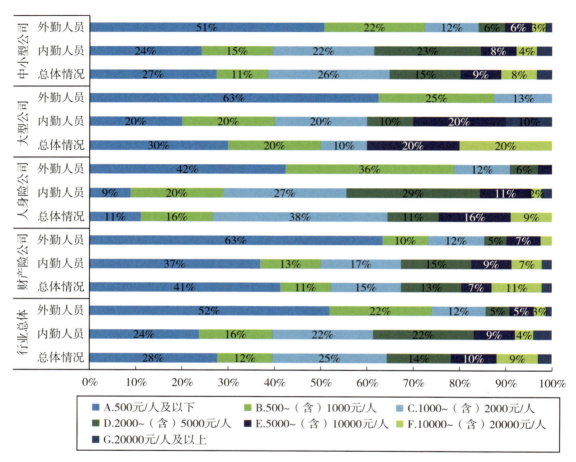

图 3 - 30 人均招聘成本

3.4.2 应届生人员管理

3.4.2.1 应届生留存率

近年来保险公司应届生离职率基本一致。从行业总体来看，应届生入职后 1 年的留存率在 80% 左右，2 年的留存率在 60% 左右，3 年的留存率约为 45%；对比不同险种公司，财产险公司的应届生留存率略高于人身险公司；对比不同规模公司，大型公司的留存率低于中小型公司。应届生留存率详见图 3 - 31。

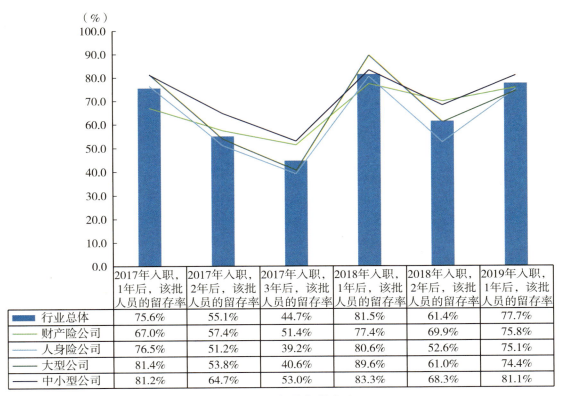

	2017年入职，1年后，该批人员的留存率	2017年入职，2年后，该批人员的留存率	2017年入职，3年后，该批人员的留存率	2018年入职，1年后，该批人员的留存率	2018年入职，2年后，该批人员的留存率	2019年入职，1年后，该批人员的留存率
行业总体	75.6%	55.1%	44.7%	81.5%	61.4%	77.7%
财产险公司	67.0%	57.4%	51.4%	77.4%	69.9%	75.8%
人身险公司	76.5%	51.2%	39.2%	80.6%	52.6%	75.1%
大型公司	81.4%	53.8%	40.6%	89.6%	61.0%	74.4%
中小型公司	81.2%	64.7%	53.0%	83.3%	68.3%	81.1%

图3-31　应届生留存率

3.4.2.2　总部校园招聘各序列人员情况

调研数据显示，在本科学历应届生方面，入职到各序列的人数占比依次为：销售（非代理）占比41.1%，客户服务管理占比13%，风险合规占比9.4%，业务管理占比6%，信息技术占比5.9%，核保核赔占比5.7%，保险科技占比4%，资产负债管理占比3.4%，财务管理占比2.1%，人力资源管理占比1.7%，办公行政管理占比1.4%，精算（含产品、研发）占比0.9%，投资管理占比0.9%，战略规划占比0.9%，教育培训占比0.8%，再保险占比0.6%，公司治理占比0.3%。在硕士研究生学历应届生方面，入职到各序列的人数占比主要为：销售（非代理）占比14.9%，核保核赔占比9%，业务管理占比8.9%，精算（含产品、研发）占比8.5%，信息技术占比8.1%，风险合规占比7.4%，保险科技占比7.2%和客户服务管理占比5.6%。

3.4.2.3　应届生起薪差异化情况

从行业总体来看，参与调研的保险公司对"双一流"院校的应届生实施差异化起薪的公司占比最高，为 52.69%；对比不同险种公司，财产险公司对应届生实施差异化起薪的占比低于人身险公司，人身险公司对"双一流"院校应届生实施差异化起薪的公司占比为 68.18%，人身险公司中根据对口专业实施应届生差异化起薪的公司占比为 31.71%；对比不同规模公司，大型公司中实施应届生差异化起薪的占比低于中小型公司。应届生差异化起薪情况详见图 3－32。

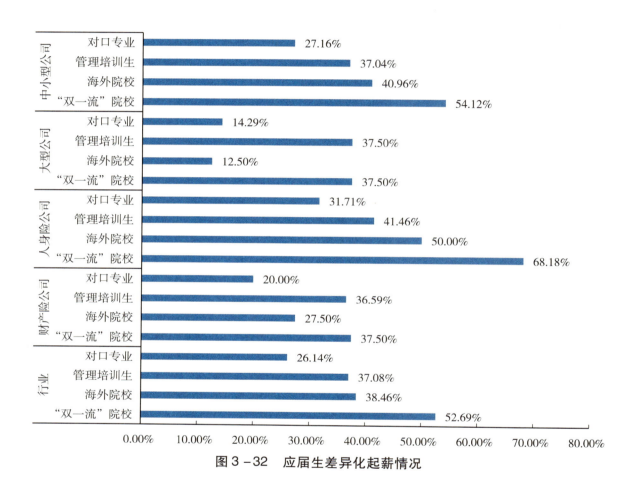

图 3－32　应届生差异化起薪情况

3.4.3　案例：大家人寿人才队伍建设

在人才队伍建设方面，大家人寿推出了"五支队伍"打造等人才培养举措，计划利用 3～5 年的时间培养一支懂经营、善管理的经营管理人才队伍；一支敢作为、善担当的核心骨干队伍；一支业务素质高、销售能力强，有战斗力、凝聚力、执行力的精英销售人才队伍；一支专业能力强、综合素质高的专业技术人才队伍；

一支工作热情高、发展后劲足的后备人才队伍。

为匹配"支撑个险业务破局、巩固银保业务基石、承接养老战略落地"的业务策略，寿险公司在人才队伍建设方面，主要聚焦四类人群：一是确保机构经营班子配置到位有序经营；二是核心关键岗位人才补齐补强；三是加快组建各业务条线销售队伍；四是加大校园招聘力度为公司积蓄年轻力量。

1. 专业人才队伍梯队建设

随着转型的不断升级和深入，公司在精算、产品、核保核赔、信息技术等方面的人才需求逐渐加大。面对日趋激烈的业务竞争环境和转型压力，专业能力强、综合素质优的复合型人才招募难度也逐渐凸显，促使公司一方面积极吸收外部新鲜血液，另一方面要着力进行内部人才梯队搭建和培养。为充分了解评估公司人才现状，在集团公司指导统筹下，大家人寿开展了内部专业人才盘点、干部胜任力模型搭建以及履职检视等人才发展项目，旨在建立人才涌现机制，发现优秀复制优秀；营造内部良性竞争氛围，激励在岗人员持续发挥主观能动性；梳理人才选用标准，引导人才发展方向。从目前开展情况来看，公司上下对人才发展项目高度重视和关注，通过各类项目的开展，更好地帮助各条线、各部门、各机构对现有人员专业、素质、能力现状进行了梳理、摸底和盘整。此外通过内部晋降制度的建立和实施，进一步打开了人才发展通道，充分践行了"优晋劣退"的用人导向。

2. 年轻员工管理培养

大家人寿在年轻员工引进、培养、发展及管理方面，一是积极开展校企合作，与高校共同在人才培养、就业实习、课题研究、项目推动等方面深入合作，建立长期稳定的合作关系，为应届毕业生的招聘打下坚实基础。二是为帮助校招新员工加快角色转变及环境融合，提高职业能力素质，在集团公司统一组织下开展封闭式培训。同时匹配职业导师，进行一对一日常工作指导。三是对于适应性强、表现优秀的校招新员工，开通晋升绿色通道，进行及时激励。此外，公司充分考虑关注到了"95 后"的成长环境、思维习惯，作为公司的新鲜血液，年轻员工们普遍思维活跃，更加关注自我价值提升。在管理上也逐步调整思路和方向，与时俱进。在薪酬激励及绩效考核方面，着重考虑分层分类，适当提升激励力度及激励弹性，不能过度依赖传统的薪酬绩效体系，着重加强层次性和空间性。

3. 大家人寿未来发展人力资源管理面临的挑战和应对举措

从短期看，一是如何帮助各条线、各部门、各机构"更好、更准、更快"地招募到空缺核心关键人员；二是如何如何设计优化薪酬管理体系并实现新老机制平稳过渡；三是如何快速提升机构经营班子自主经营意识和管理能力。为应对上述挑战，大家人寿计划从以下几方面入手：一是开展招聘调研，深入了解招聘难点痛点、所需资源支持，制定有针对性的帮扶方案，群策群力。二是结合行业实践经验，以结果为导向，分批分层梳理。优先解决核心关键人群问题，逐步解决非核心关键人群问题。三是完善培训体系，制定经营班子领导力提升专项培训规划，明确"应知应会"内容，进行"思想能力"改造，"做真做实"培训效果。

从长期看，一是人力资源角色定位的挑战；二是人才队伍能力素质提升速度跟上组织变革及业务发展速度的挑战；三是员工越来越关注个性化发展及职业生涯管理的挑战；四是通过激励机制，如何有效调动员工积极性、投入度，提高自驱力的挑战。为应对上述挑战，计划从以下几方面入手：一是确保人力资源管理的重点和政策机制要和公司不同的发展阶段"相适相配"，充分发挥对战略目标实现的积极辅助作用。二是加大人才培训培养力度，分层分类制定有针对性的培训计划。重点关注专业人才的综合素质提升，管理干部的领导力提升等等。三是继续拓宽职业发展通道和路径，延伸探索多通道、纵向横向交替变化的成长通道。通过为员工提供适当的继续教育、培训、轮岗和项目锻炼等发展机会，协助员工实现职业生涯发展目标。四是运行市场化的薪酬激励机制和体系，科学合理兼顾、稳定灵活平衡。有效保障企业和员工的稳定性、积极性，体现贡献差异，绩效导向，帮助员工实现自我价值，保障公司基业长青。

（案例来源：由编写组成员进行行业专题访谈后整理所得。）

3.4.4　案例：宏利金融集团人才队伍建设[①]

加拿大宏利金融集团（Manulife Financial）是加拿大主要的财经服务企业，业务遍布全球 19 个国家和地区，并获得"国际标准普尔"授予"AAA"评级。继 2004 年完成加拿大历史上最大一宗跨国合并交易，成功实施对美国恒康金融服务有限公司（John Hancock）的合并，宏利金融成为加拿大第一、北美第二。宏利人寿保险是宏利金融集团属下的成员公司。加拿大宏利人寿保险公司 1887 年成立于加拿大多伦多市，现是加拿大规模最大的人寿保险公司和北美 15 家最大的人寿保

---

① 案例来源：Sustainability Report and Public Accountability Statement 2020，P. 17.

险公司之一。在 2021 年的福布斯全球 500 强企业排行榜上名列 169 位。

宏利金融集团的战略方针集中于以下要素：

（1）吸引多元化人才，使我们的员工能够反映我们所服务的客户和社区。

（2）营造包容的工作环境，包容不同文化和个人的优点。

（3）通过绘制员工与公司的不同旅程，创造令人信服的员工体验。

（4）倾听员工的心声，找出对他们来说最重要的事情，以便在公司内部建立联系。

（5）认可员工的贡献——这已融入我们的文化、员工体验和品牌。

由于 2019 年新冠肺炎病毒的侵袭，公司本着以员工为本的态度，为不可能远程工作的岗位尽可能地提供财政支持，并为受病毒影响的员工提供了带薪补充短期休假。公司也增加了对身体、经济和心理健康的预算支持，包括额外的个人休假和邀请客座演讲者——从宇航员到心理健康从业者到快乐专家，甚至与波士顿红袜队的训练师一起进行虚拟春季训练，分享如何保持平衡、健康和精神。公司时刻保持与全球员工的沟通和接触，旨在确保团队得到了充分的照顾，并知晓如何寻找资源来帮助他们。员工评论说，他们欣赏这种频繁、直接、真实的沟通方式，他们觉得集团的领导更平易近人。最重要的是，集团一直试图为员工的日常生活注入一些乐趣。虚拟才艺表演、图书俱乐部和员工孩子的夏令营都帮助员工们应对并更好地支持客户。

第 3.5 节　保险公司人才流动

本节以保险行业人才流动为主题，内容涵盖 2017～2020 年行业总体及各序列员工主动离职率、主动离职员工结构分析、离职原因分析以及内部人才流动机制。

3.5.1　员工主动离职率

3.5.1.1　2017～2020 年员工主动离职率

从行业总体来看，2020 年主动离职率为 12.9%，较 2019 年有明显下降。对比不同险种公司，财产险公司主动离职率较低，为 11.2%，人身险公司主动离职率为 12.9%。值得注意的是，财产险公司主动离职率近几年趋于稳定，人身险公司则波动较大。2017～2020 年员工主动离职率详见图 3–33。

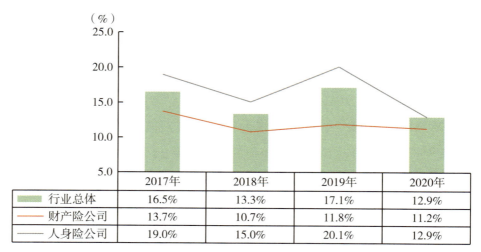

图 3 - 33　2017 ~ 2020 年员工主动离职率

3.5.1.2　各序列员工主动离职率

分序列来看，2020 年管理序列主动离职率为近四年最低，首次降至 9% 以下。专业序列主动离职率为 13.5%，较 2019 年下降了 4%，与 2018 年基本一致；对比不同险种公司，财产险公司管理序列主动离职率在 2017 ~ 2019 年一直处于上升状态，在 2019 年达到近四年最高（9%），2020 年回落至 7.2%。专业序列主动离职率呈交替态势，2017 年与 2019 年较高，超过 14%，2018 年与 2019 年较低，在 11% ~ 12% 左右；人身险公司管理序列主动离职率基本趋于稳定，专业序列主动离职率则呈波动状态，2019 年为近四年峰值，2020 年受到疫情等外部环境的影响，离职率为近四年最低。管理序列与专业序列主动离职率详见表 3 - 13。

表 3 - 13　　　　　　　管理序列与专业序列主动离职率　　　　　　　单位：%

年份险种	2017 年		2018 年		2019 年		2020 年	
	管理序列	专业序列	管理序列	专业序列	管理序列	专业序列	管理序列	专业序列
行业总体	9.4	17.7	9.0	14.5	10.1	17.5	8.5	13.5
财产险公司	4.8	14.9	8.2	11.4	9.0	14.3	7.2	11.8
人身险公司	12.5	20.2	10.0	16.6	11.0	21.6	10.3	13.3

历年离职率最高的序列一直是销售（非代理）人员。除此之外，2020 年离职率排名前三位的序列是两核、销售管理及支持、基层管理者，分别为 18.4%、

16.6%、11.7%。2019 年离职率排名前三位的序列是投资管理、销售管理及支持、两核，分别为 14.6%、14.5%、12.8%，2020 年两核离职率明显提高，投资管理离职率有所下降。2017～2020 年各序列主动离职率详见表 3－14、表 3－15、表 3－16。

表 3－14　　　　　　2017～2020 年各序列离职率——行业总体　　　　　单位：%

行业总体	2017 年	2018 年	2019 年	2020 年
核心层管理者	4.1	4.7	4.9	5.5
高层管理者	1.2	6.0	6.5	8.1
中层管理者	6.9	7.5	8.0	8.8
基层管理者	12.3	10.2	9.9	11.7
销售（非代理）－寿险销售人员	23.0	17.0	34.7	31.2
销售（非代理）－财产险销售人员			16.5	21.2
销售管理及支持	10.3	13.0	14.5	16.6
精算（含产品、研发）	14.2	13.4	9.9	11.0
投资管理	11.8	8.9	14.6	11.1
核保核赔－两核	9.6	9.8	12.8	18.4
客户服务管理	8.1	8.7	11.1	11.0
信息技术总体	11.1	10.4	9.7	9.4

财产险公司 2020 年离职率排名前三位的序列（销售序列除外）是销售管理及支持、客户服务管理、投资管理。2019 年离职率排名前三位的序列是客户服务管理、投资管理、销售管理及支持。

表 3－15　　　　　　2017～2020 年各序列离职率——财产险　　　　　　单位：%

财产险公司	2017 年	2018 年	2019 年	2020 年
核心层管理者	4.6	4.1	5.3	5.8
高层管理者	0.8	5.7	6.1	7.7
中层管理者	8.1	6.5	6.3	6.8
基层管理者	7.1	9.2	8.8	8.6
销售（非代理）－财产险销售人员	—	—	17.5	21.2
销售管理及支持	9.9	17.7	11.7	16.1
精算（含产品、研发）	12.5	13.3	10.8	9.2

续表

财产险公司	2017 年	2018 年	2019 年	2020 年
投资管理	13.1	9.6	12.3	12.4
核保核赔 – 两核	9.6	9.3	10.6	9.1
客户服务管理	9.5	7.4	12.6	12.6
信息技术	10.8	10.3	10.5	10.2

人身险公司 2020 年离职率排名前三位的序列（销售序列除外）是两核、销售管理及支持、精算（含产品、研发）。2019 年离职率排名前三位的是投资管理、销售管理及支持、两核。从趋势上看，投资管理人员离职率有所下降，两核人员离职率明显上升。

表 3 – 16　　　　　　　　　2017～2020 年各序列离职率——人身险　　　　　　单位：%

人身险公司	2017 年	2018 年	2019 年	2020 年
核心层管理者	3.3	5.8	5.4	5.5
高层管理者	5.0	7.1	7.4	9.2
中层管理者	4.9	8.4	10.8	11.7
基层管理者	13.8	11.2	11.3	15.0
销售（非代理）– 寿险销售人员	—	—	34.7	31.2
销售管理及支持	10.4	12.1	17.3	17.3
精算（含产品、研发）	14.6	13.8	10.6	12.6
投资管理	10.3	11.2	17.3	10.2
核保核赔 – 两核	9.7	12.1	14.4	25.7
客户服务管理	6.6	10.9	10.6	10.0
信息技术	11.4	11.1	9.7	9.0

3.5.2　主动离职员工结构分析

从职级分布来看，2020 年行业总体离职人员中 L1～L2 职级占比最高；财产险公司中 L3～L4 职级占比 35.5%，明显高于行业总体（17.2%）及人身险公司（5%）。各职级离职人员分布详见表 3–17。

表 3 - 17　　　　　　　　各职级离职人员分布　　　　　　　单位：%

职级	行业总体	财产险公司	人身险公司
L1 ~ L2 级	81.9	63.9	93.9
L3 ~ L4 级	17.2	35.5	5.0
L5 ~ L6 级	0.9	0.6	1.1

　　从司龄分布来看，离职人员中司龄 3 年以下占比最高，3 ~ 5 年与 6 ~ 10 年比例基本一致，司龄 10 年以上主动离职率最低。其中，人身险公司 3 年以下主动离职率达 76.9%，明显高于财产险公司（54.1%）。各司龄离职人员分布详见表 3 - 18。

表 3 - 18　　　　　　　　各司龄离职人员分布　　　　　　　单位：%

司龄	行业总体	财产险公司	人身险公司
3 年以下	69.4	54.1	76.9
3 ~ 5 年	13.6	22.7	9.1
6 ~ 10 年	13.5	18.7	11.0
10 年以上	3.5	4.5	3.0

　　从学历分布来看，行业总体离职人员中大专及以下学历占比最高。其中，人身险公司中，离职人员本科学历占比较财产险公司高出 11.7%。各学历离职人员分布详见表 3 - 19。

表 3 - 19　　　　　　　　各学历离职人员分布　　　　　　　单位：%

学历	行业总体	财产险公司	人身险公司
大专及以下	57.9	65.6	53.0
本科	38.1	31.0	42.7
研究生及以上	4.0	3.4	4.3

　　从年龄分布来看，行业总体离职人员中年龄 26 ~ 35 岁占比最高，25 岁及以下占比次之，46 岁及以上人员占比最低；财产险公司与行业总体占比排序一致；人身险公司离职人员中 25 岁及以下占比最高，其次为 26 ~ 35 岁人员。各年龄段离职人员分布详见表 3 - 20。

表 3 −20　　　　　　　　　　各年龄段离职人员分布　　　　　　　　单位：%

年龄	行业总体	财产险公司	人身险公司
25 岁及以下	39.7	20.8	49.2
26 ~ 35 岁	43.3	54.6	37.7
36 ~ 45 岁	12.4	16.1	10.4
46 岁及以上	4.6	8.5	2.7

3.5.3　离职原因分析

3.5.3.1　主动离职原因分析

参与调研的公司，员工主动离职原因排在前四位的是：（1）对职业发展路径规划不满；（2）薪酬竞争力不足，被同行高薪挖角；（3）追求家庭与工作平衡；（4）不适应公司文化或管理风格。选择其他的原因主要包含：个人发展或家庭原因。不同险种与类型公司主动离职原因详见图 3 −34。

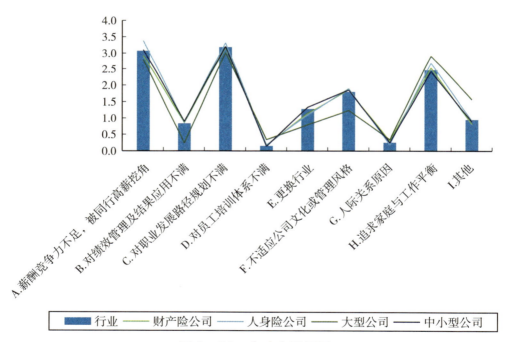

图 3 −34　主动离职原因

3.5.3.2　被动离职原因分析

从行业总体来看，被动离职的最主要原因为"绩效结果常年不良"。不同险种公司的情况与行业总体基本保持一致。被动离职原因详见图 3 - 35。

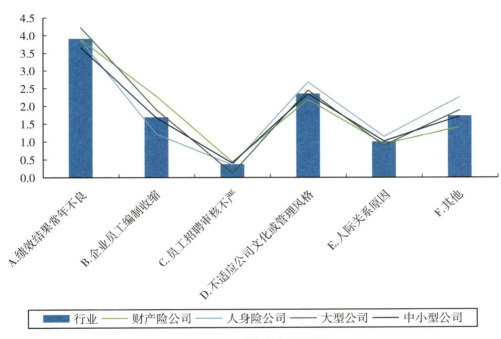

图 3 - 35　被动离职原因

3.5.4　内部人才流动机制

从行业总体来看，约 89% 的参与调研保险公司表示设有内部人才流动机制。约 58% 的参与调研保险公司表示可以进行公司内部空缺岗位查询。不同险种公司与行业总体基本保持一致。

满足任职资格要求是内部人才流动的首要门槛要求；不同险种公司与行业总体基本保持一致。内部人才流动门槛详见图 3 - 36。

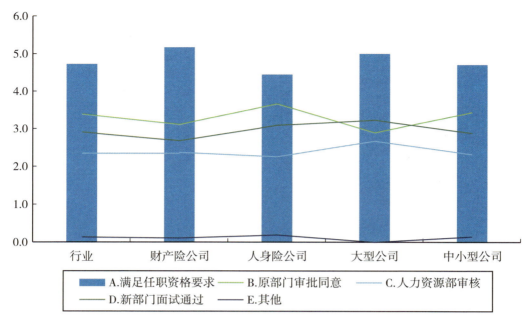

图 3-36　内部人才流动门槛要求

3.5.5　案例：中宏人寿人才发展体系

在人才发展体系建设方面，中宏人寿人才发展项目的初衷和目的旨在培养认同公司文化、熟悉公司业务发展需求；具有远见和洞察力，有创新意识和激情；有强烈个人发展意愿；愿意与公司齐心协力，共创未来的优秀人才。

中宏人才发展体系主要分为四个层级，从最基层的管培生培养计划、新任经理人培养计划、高潜人才培养计划（Elite）直至高管团队培养计划等。

管培生培养计划为期 18 个月，历经三次跨部门轮岗，每次轮岗为期 6 个月，其中第三次轮岗为海外轮岗。在三次轮岗过程中配以中宏导师项目，以助力新人的培育。

新任经理人培养计划是面向基层管理者开展的领导力提升训练。此项目按照中宏最新的"领导力 DNA"胜任力模型，聚焦基层主管在管理场景中面临的主要挑战，以培养追求结果的领导者为导向，遵循成人学习规律，运用刻意训练——轻量、高效的学习模式，促进学员从"知道"到"做到"，助力各位主管综合管理能力的提升，从而为组织目标达成创造贡献。

高潜人才培养计划（Elite）旨在培养精英、储备人才库。整个计划通过甄选识别、专业培训、轮岗、任务委派、任用、发展和保留等手段来提升高潜人才的综合管理技能以适应新岗位的要求。

高管团队的培养采用与外部知名高校合作的形式，旨在帮助高管团队迅速了解市场及外部环境的变化，增加其业务敏锐度，及提升其在转型变革过程中的适应能力。

同时在项目过程中，中宏设计了一系列的行动学习计划以及考核计划，以确保项目目标的达成；项目结业时，每个行动学习小组需要向公司管理层汇报整个行动学习计划，并根据管理层的反馈持续跟进项目的实施落地。

（案例来源：由编写组成员进行行业专题访谈后整理所得。）

3.5.6　案例：损保控股有限公司（SOMPO Holdings，Inc.）

损保控股有限公司是位于日本东京的一家公司，主营业务是非寿险公司、寿险公司和其他公司依照保险业法规定成为子公司等的经营管理和附带业务。在 2021 年的福布斯全球 500 强企业排行榜上名列 331 位。

集团将融入"人才主义"的理念，重视员工和他们的能力，并发展一种企业文化，使每个员工都能够利用自己的个人属性和才能，为企业活动做出贡献。新冠肺炎疫情的蔓延颠覆了许多不同类型企业的经营模式。将此次危机视为一个新的机遇，公司将专注于多元化、专业和使命驱动的三大核心价值观，并继续推进公司的人力资源转型。公司的人力资源策略主要关注以下几个方面：

（1）创造多元化的团体；

（2）赋予女性员工以更多权力；

（3）充分调动员工才能，取长补短；

（4）营造尊重个性的企业氛围。

公司认为，促进多样性和包容性是促进业务增长的一项重要管理战略。公司成员在"多样性为增长"的口号下，致力于开发各种制度和促进良好的企业氛围，使不同属性的员工能够最大限度地发挥自己的特长，并有成就感地工作。

（案例来源：损保控股有限公司企业官网。）

第 3.6 节　保险行业绩效管理

本节以保险公司绩效管理为主题，内容涵盖了绩效管理体系建设情况、绩效管理周期、管理层及主要专业序列绩效管理指标、绩效结果的应用、绩效等级与年度奖金和年度调薪的挂钩情况、业绩调薪及晋升调薪的调薪比例。

3.6.1 绩效管理体系

3.6.1.1 绩效管理体系建设情况及目的

调研数据显示，从行业总体来看，76%的公司建立了绩效管理体系，另有24%的公司认为绩效管理体系初步建立但是还需要完善；不同险种公司与行业总体基本保持一致；对比不同规模公司，大型公司均已建立比较完善的绩效管理体系。

从行业总体来看，建立绩效管理体系的目的依次是：落实组织发展战略、进行考核分配、促进人员能力的辅导提升、有效监控风险、引导组织氛围与文化、促进组织内部有效沟通。不同险种、不同规模公司与行业总体基本保持一致。

3.6.1.2 绩效管理流程实施情况评价

从行业总体来看，参与调研保险公司对绩效管理的"目标设定""终期考核""结果兑现"环节认可程度分数较高，相对而言"过程辅导、中期回顾"的认可度分数偏低。不同险种、不同规模公司与行业总体基本保持一致。绩效管理流程实践认可度情况详见图 3 – 37。

3.6.1.3 绩效管理组织实施

从行业总体来看，个人绩效管理主要由人力资源部门组织实施，占比为81%，公司绩效主要由所在部门负责组织实施和战略、人力、财务等与部门合作确定，占比分别为11%和8%；对比不同险种公司，财产险公司的公司绩效管理"由人力资源部门负责组织实施"的占比高于人身险公司；对比不同规模公司，大型公司个人绩效管理"由人力资源部门负责组织实施"的占比与中小型公司没有明显差异。绩效管理组织实施情况详见图 3 – 38。

从行业总体来看，个人绩效目标的分解和调整主要由员工个人所在部门负责，占比为68%；公司绩效目标的分解和调整主要由战略、人力、财务等与部门合作确定，总占比为63%。不同险种、不同规模公司与行业总体基本保持一致。绩效目标分解和调整情况详见图 3 – 39。

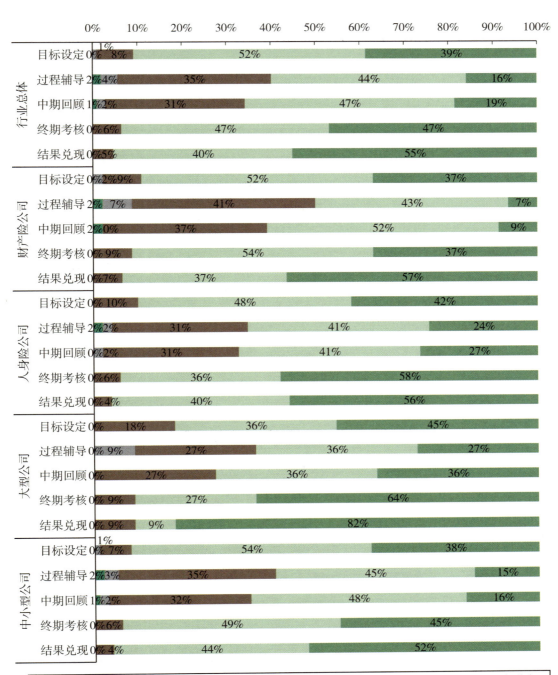

图 3－37　绩效管理流程实践认可度情况

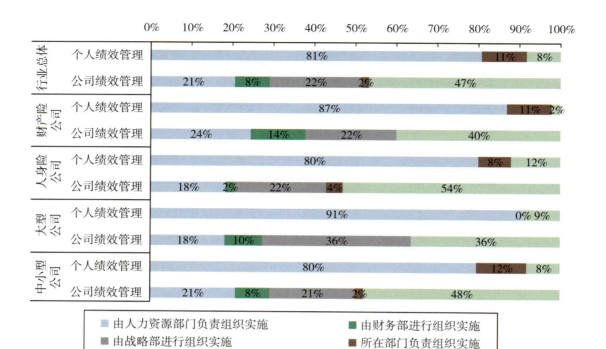

图 3－38　绩效管理组织实施情况

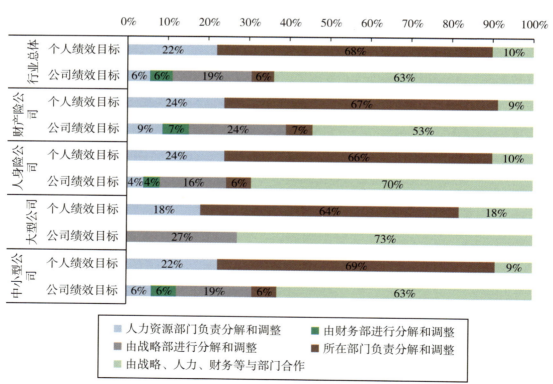

图 3－39　绩效目标分解和调整情况

3.6.1.4　绩效管理周期

从行业总体来看，32%的分公司班子成员的考核周期低于一年，销售（非代理）的考核周期以月度和年度为主，占比约64%，非销售序列考核周期以年度为主，占比均在60%左右，详见图3－40。

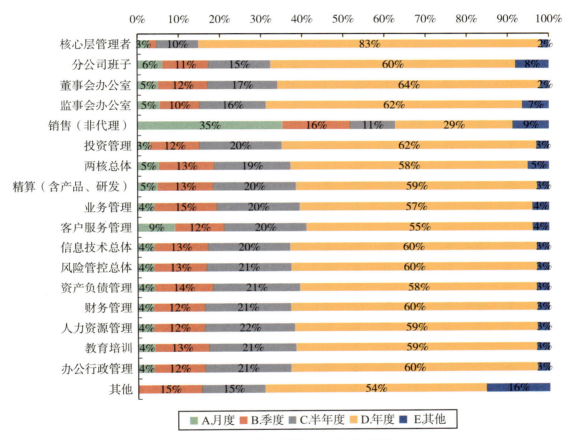

图3－40　考核周期——行业总体

对比不同险种公司，财产险公司各序列人员的考核周期相比行业总体更为频繁，人身险公司各序列人员的考核周期情况与行业总体基本一致，考核周期为季度和半年度的占比约为40%。不同险种公司考核周期图3－41、图3－42。

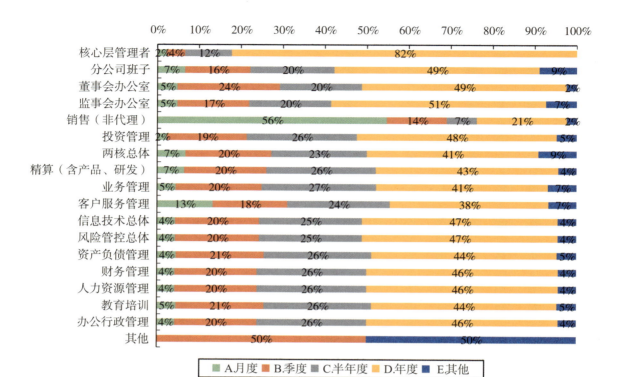

图 3-41　考核周期——财产险公司

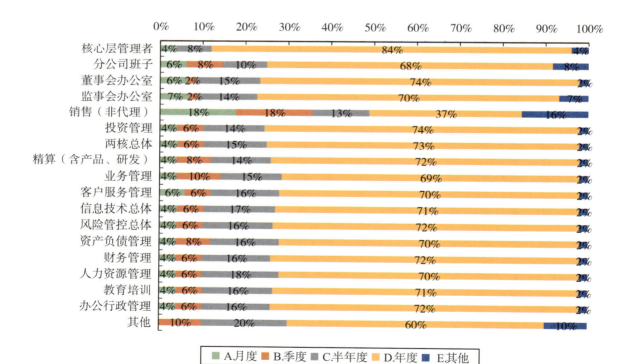

图 3-42　考核周期——人身险公司

3.6.2　绩效管理指标

根据调研数据的分析，对管理者以及各专业序列人员的主要绩效考核指标选用情况如下。

核心层管理者：考核指标选用排名前三位的依次为保费达成指标、利润指标、风险合规类指标。

分支机构班子：考核指标选用排名前三位的依次为保费达成指标、承保利润指标、风险合规类指标。

销售（非代理）序列：考核指标选用排名前三位的依次为保费达成率指标、保费收入指标、保费继续率指标。从过去三年的情况看，销售（非代理）序列主要考核指标基本没有变化，"保费达成率指标"和"保费收入指标"一直排在前两位。

投资管理序列：考核指标选用排名前三位的依次为投资收益类指标、风险合规类指标、项目管理指标。从过去三年的情况看，投资管理序列主要考核指标基本没有变化，"投资收益类指标"一直是该序列最主要的考核指标。

核保管理序列：考核指标选用排名前三位的依次为时效指标、合规指标、差错率指标。从过去三年的情况看，核保管理序列主要考核指标基本没有变化。

理赔管理序列：考核指标选用排名前三位的依次为赔付率指标、立案结案时效指标、客户满意度指标。从过去三年的情况看，理赔管理序列主要考核指标略有变化，"赔付率指标"自2018年排名上升到第一位后就一直保持，"估损偏差指标"在2019年上升至第二位，"立案结案时效指标"和"客户满意度指标"则在2020年分别位列第二、第三名。

精算序列：考核指标选用排名前三位的依次为准备金管理指标、产品管理类指标、偿付能力指标。从过去三年的情况看，精算序列主要考核指标基本没有变化。

业务管理序列：考核指标选用排名前三位的依次为保费达成率指标、保费收入指标、保费继续率指标。从过去三年的情况看，业务管理序列主要考核指标基本没有变化，但2020年"费用控制类指标"上升明显，接近第三名的"保费继续率指标"。

客户服务管理序列：考核指标选用排名前三位的依次为考核投诉类指标、客户满意度指标、回访成功率指标。从过去三年的情况看，客户服务管理序列主要考核指标基本没有变化。"考核投诉类指标"和"客户满意度指标"一直排在前两位。

信息技术数据序列：考核指标选用排名前三位的依次为准确性指标、及时性指标、完整性指标。从过去三年的情况看，信息技术数据序列主要考核指标略有变化，2018 年排名前两位的是"准确性指标"和"及时性指标"，2019 年"计划达成类指标"超越"及时性指标"排名上升至第二位，2020 年"完整性指标"一跃成为第三位，"计划达成类"指标则未上榜。

信息技术开发序列：考核指标选用排名前三位的依次为计划达成类指标、系统运行类指标、安全稳定性指标。从过去三年的情况看，信息技术开发序列主要考核指标基本没有变化，排名前两位的一直是"计划达成类指标"和"系统运行类指标"。

风险合规序列：考核指标选用排名前三位的依次为风险发生类指标、制度建设类指标、整改率指标。从过去三年的情况看，风险合规序列主要考核指标略有变化，排名第一位的一直是"风险发生类指标"，第三位由"整改率指标"转变成 2020 年的"覆盖率指标"。

法律事务序列：考核指标选用排名前三位的依次为及时性指标、责任事件指标、案件处理类指标。从过去三年的情况看法律事务序列主要考核指标基本没有变化。

稽核内审序列：考核指标选用排名前三位的依次为计划达成类指标、整改率指标、覆盖率指标。从过去三年的情况看，稽核内审序列主要考核指标基本没有变化，排名前两位的一直是"计划达成类指标"和"整改率指标"。

财务管理序列：考核指标选用排名前三位的依次为核算类指标、报表报送类指标、出纳现金类指标。从过去三年的情况看，财务管理序列主要考核指标基本没有变化，排名前两位的一直是"核算类指标"和"报表报送类指标"。

人力资源管理序列：考核指标选用排名前三位的依次为人力成本类指标、招聘成效指标、薪酬绩效类指标。从过去三年的情况看，人力资源管理序列主要考核指标基本没有变化，排名前两位的一直是"人力成本类指标"和"招聘成效指标"。

教育培训序列：考核指标选用排名前三位的依次为计划完成类指标、覆盖率指标、体系建设指标。从过去三年的情况看，教育培训序列主要考核指标基本没有变化，排名前两位的一直是"计划完成类指标"和"覆盖率指标"，2020 年体系建设类指标上升为第三名。

办公行政管理序列：考核指标选用排名依次为行政后勤管理类指标、办公会议类指标、宣传品牌管理类指标。从近两年的情况看，办公行政管理序列指标略有变化，2019 年"宣传品牌管理类指标"排在第二位，"办公会议类指标"降为第三位，2020 年"办公会议类指标"则重回第二位。

3.6.3　绩效结果应用

3.6.3.1　个人绩效结果等级

从行业总体来看，参与调研保险公司将个人绩效结果等级划分为 5 级的占比最高。个人绩效结果等级情况详见表 3-21。

表 3-21　　　　　　　　　　个人绩效结果等级情况　　　　　　　　　单位：%

等级划分	行业总体	财产险公司	人身险公司
3 级	5	4	6
4 级	8	7	8
5 级	62	69	64
5 级以上	25	20	22

3.6.3.2　绩效结果强制分布情况

从行业总体来看，约 89% 的参与调研保险公司进行绩效结果强制分布；不同险种、不同规模公司与行业总体基本保持一致。

3.6.3.3　个人绩效等级分布

在员工绩效等级分布方面，约 72% 参与调研的保险公司表示个人绩效最高等级的占比在 15% 以下，16% 的公司表示该比例在 20% 以下。

而对于个人绩效最低等级员工占全体员工比例，61% 参与调研的保险公司表示该比例在 10% 以下，31% 的公司表示无强制要求。

不同险种公司无明显差异。个人绩效最高、最低等级分布情况详见表 3-22、表 3-23。

表 3-22 个人绩效最高等级分布情况 单位：%

个人绩效最高等级占比	行业总体	财产险公司	人身险公司
15% 以下	72	69	71
20% 以下	16	20	14
30% 以下	7	7	11
40% 以下	0	0	0
无强制要求	5	4	4

表 3-23 个人绩效最低等级分布情况 单位：%

个人绩效最低等级占比	行业总体	财产险公司	人身险公司
10% 以下	61	61	61
15% 以下	5	2	4
20% 以下	3	4	2
25% 以下	0	0	0
无强制要求	31	33	33

3.6.3.4 绩效等级与年度奖金系数挂钩情况

在个人最高绩效等级与年度奖金系数挂钩方面，约 36% 参与调研的保险公司表示个人最高绩效等级挂钩的年度奖金系数在 1.2 倍~1.5 倍区间，另有 30% 的公司表示此挂钩系数在 1.5 倍~2.0 倍区间；对比参与调研的不同险种公司，财产险公司中此挂钩系数在 1.5 倍~2.0 倍区间的占比更高，人身险公司中此挂钩系数在 2 倍以上区间的占比更高；对比不同规模公司，大型公司中此挂钩系数在 1.5 倍~2.0 倍区间的占比更高。

在个人最低绩效等级与年度奖金系数挂钩方面，约 57% 参与调研的保险公司表示个人绩效最低绩效等级挂钩的年度奖金系数为 0，占比最大；对比不同险种公司，此挂钩系数为 0 的财产险公司占比低于人身险公司；对比不同规模公司，此挂钩系数为 0 的大型公司占比高于中小型公司。

个人最高、最低绩效等级与年度奖金系数挂钩情况详见图 3-43、图 3-44。

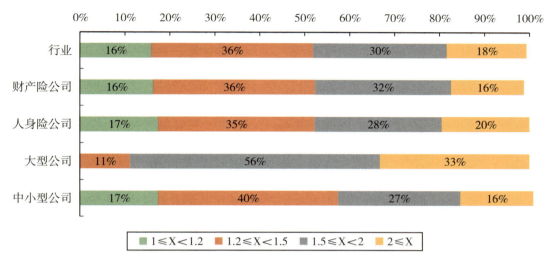

图 3 -43 个人最高绩效等级与年度奖金系数挂钩情况

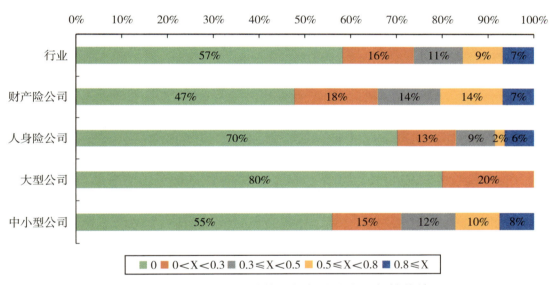

图 3 -44 个人最低绩效等级与年度奖金系数挂钩情况

3.6.3.5 个人奖金系数与组织绩效挂钩情况

从行业总体来看，参与调研保险公司表示组织绩效主要影响奖金总包额度；组织绩效与个人绩效也会以加权或连乘的形式影响员工个人奖金水平。个人奖金系数与组织绩效挂钩情况详见表 3 -24。

表 3–24 　　　　　　　　个人奖金系数与组织绩效挂钩情况 　　　　　　单位：%

组织与个人绩效	行业总体	财产险公司	人身险公司
不挂钩	4.8	4.3	6.3
组织绩效影响奖金总包缩放	60.7	50.0	68.8
组织绩效与个人绩效等级系数加权计算最终奖金系数	14.0	19.6	8.3
组织绩效与个人绩效等级系数连乘计算最终奖金系数	16.8	17.4	16.7
其他	3.7	8.7	0.0

3.6.3.6　个人绩效等级与年度薪酬调整挂钩情况

在个人绩效结果与薪酬调整方面，27.4% 参与调研的保险公司表示个人绩效结果需获得当年第二高绩效等级或以上方可获得薪酬调整；对比不同险种公司，财产险公司中"当年度获得第二高绩效等级或以上获得调薪"的占比低于人身险公司；对比不同规模公司，中小型公司中"当年度获得第二高绩效等级或以上获得调薪"的占比低于大型公司。个人绩效等级与年度薪酬调整挂钩情况详见表 3–25。

表 3–25 　　　　　　个人绩效等级与年度薪酬调整挂钩情况 　　　　　　单位：%

调薪条件	行业总体	财产险公司	人身险公司	大型公司	中小型公司
当年度获得最高绩效等级获得调薪	11.3	6.5	10.7	0.0	12.5
当年度获得第二高绩效等级或以上获得调薪	27.4	28.3	34.0	40.0	26.0
连续两年获得最高绩效等级获得调薪	0.9	2.2	0.0	0.0	1.0
连续两年获得第二高绩效等级	3.8	8.7	0.0	0.0	4.2
其他	56.6	54.3	55.3	60.0	56.3

3.6.3.7　薪酬调整幅度与实际调薪率

当员工业绩达成目标后，约 72% 参与调研的保险公司将会对员工进行 0～10% 幅度的业绩调薪，当员工业绩达到晋升要求后，约 47% 参与调研的保险公司将会给予员工 10%～15% 的晋升调薪；不同险种、不同规模公司与行业总体基本保持一致。薪酬调整幅度详见图 3–45（图例中 X 为调薪幅度）。

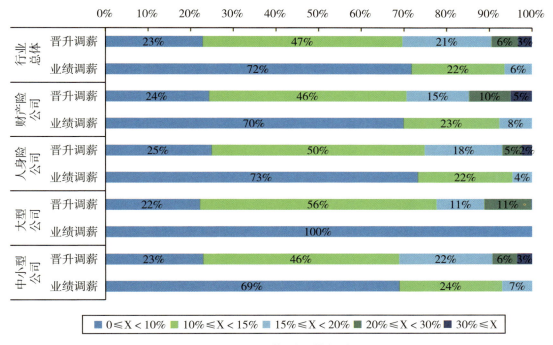

图 3 –45　薪酬调整幅度

在员工实际调薪率方面，从行业总体来看，实际业绩调薪率的 50 分位值为 5.0%，实际晋升调薪率的 50 分位值为 5.0%；对比不同险种公司，财产险公司实际业绩调薪率 50 分位值与人身险公司持平，实际晋升调薪率 50 分位值低于人身险公司；对比不同规模公司，大型公司平均实际业绩调薪率和平均实际晋升调薪率均低于中小型公司。实际业绩调薪率和实际晋升调薪率详见图 3 –46、图 3 –47。

3.6.3.8　绩效管理面临的挑战

从行业总体来看，绩效管理面临的前三大挑战分别是："对于中后台职能条线的工作难以量化考核""绩效等级强制分布排序真正落地，避免轮流坐庄""如何利用绩效管理工具在公司建立绩效文化"；不同险种公司与行业总体基本保持一致。对比不同规模公司，大型公司面临最大的挑战是"绩效等级强制分布排序真正落地，避免轮流坐庄""对于中后台职能条线的工作难以量化考核"以及"由于市场的不确定性，绩效指标目标值难以确定"，而中小型公司面临最大的挑战则是"由于市场的不确定性，绩效指标目标值难以确定"。绩效管理面临的挑战详见图 3 –48。

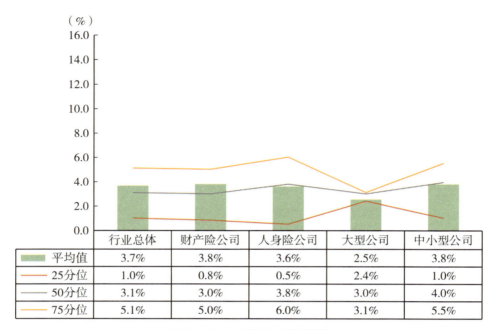

	行业总体	财产险公司	人身险公司	大型公司	中小型公司
平均值	3.7%	3.8%	3.6%	2.5%	3.8%
25分位	1.0%	0.8%	0.5%	2.4%	1.0%
50分位	3.1%	3.0%	3.8%	3.0%	4.0%
75分位	5.1%	5.0%	6.0%	3.1%	5.5%

图 3 −46　实际业绩调薪率

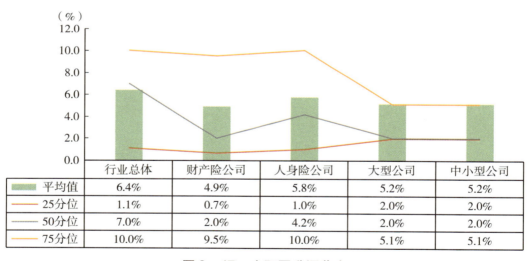

	行业总体	财产险公司	人身险公司	大型公司	中小型公司
平均值	6.4%	4.9%	5.8%	5.2%	5.2%
25分位	1.1%	0.7%	1.0%	2.0%	2.0%
50分位	7.0%	2.0%	4.2%	2.0%	2.0%
75分位	10.0%	9.5%	10.0%	5.1%	5.1%

图 3 −47　实际晋升调薪率

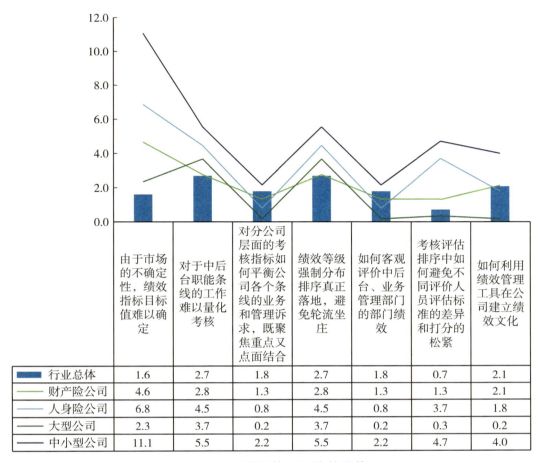

	由于市场的不确定性，绩效指标目标值难以确定	对于中后台职能条线的工作难以量化考核	对分公司层面的考核指标如何平衡公司各个条线的业务和管理诉求，既聚焦重点又点面结合	绩效等级强制分布排序真正落地，避免轮流坐庄	如何客观评价中后台、业务管理部门的部门绩效	考核评估排序中如何避免不同评价人员评估标准的差异和打分的松紧	如何利用绩效管理工具在公司建立绩效文化
行业总体	1.6	2.7	1.8	2.7	1.8	0.7	2.1
财产险公司	4.6	2.8	1.3	2.8	1.3	1.3	2.1
人身险公司	6.8	4.5	0.8	4.5	0.8	3.7	1.8
大型公司	2.3	3.7	0.2	3.7	0.2	0.3	0.2
中小型公司	11.1	5.5	2.2	5.5	2.2	4.7	4.0

图 3 - 48　绩效管理面临的挑战

第 3.7 节　保险行业薪酬管理与中长期激励实践

本节以保险公司薪酬管理与中长期激励实践为主题，内容涵盖了薪酬调整方式及调薪率、绩效薪酬核定方式以及中长期激励实施现状，并提供了薪酬福利管理和中长期激励方面的丰富案例。

3.7.1　薪酬福利管理

3.7.1.1　薪酬调整方式

从行业总体来看，47.0% 的参与调研保险公司把绩效调薪作为首选的调薪方式；62.5% 的公司把晋升调薪作为排名第二的调薪方式；不同险种公司与行业总体基本保持一致。主要调薪方式详见图 3 – 49。

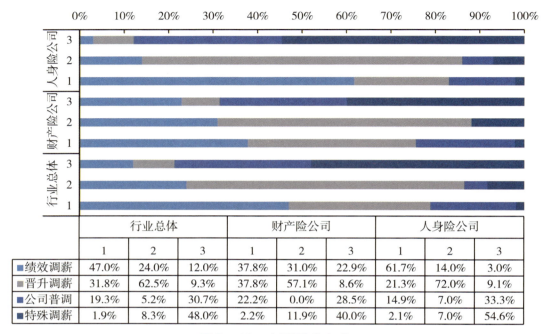

	行业总体			财产险公司			人身险公司		
	1	2	3	1	2	3	1	2	3
■绩效调薪	47.0%	24.0%	12.0%	37.8%	31.0%	22.9%	61.7%	14.0%	3.0%
■晋升调薪	31.8%	62.5%	9.3%	37.8%	57.1%	8.6%	21.3%	72.0%	9.1%
■公司普调	19.3%	5.2%	30.7%	22.2%	0.0%	28.5%	14.9%	7.0%	33.3%
■特殊调薪	1.9%	8.3%	48.0%	2.2%	11.9%	40.0%	2.1%	7.0%	54.6%

图 3 – 49　主要调薪方式

3.7.1.2　调薪率

参与调研保险公司中各层级人员 2020 年调薪率均低于 2019 年和 2018 年。公司总部 2018 ~ 2020 年调薪率分别是 5.9%、5.4%、4.5%；分公司调薪率分别是 5.3%、4.8%、4.0%。2018 ~ 2020 年平均调薪率详见图 3 – 50。

3.7.1.3　薪酬调整频率

从行业总体来看，每年调薪的公司占比为 29%、每两年调薪的公司占比为 5%、三年及以上调薪的占比为 5%、管理者结合实际情况统筹确定的占比为 59%；财产险公司按照上述顺序依次为：30%、5%、9%、51%；人身险公司按照上述顺序依次为：28%、7%、2%、63%。薪酬调整频率详见图 3 – 51。

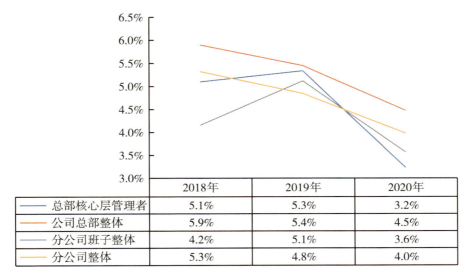

	2018年	2019年	2020年
总部核心层管理者	5.1%	5.3%	3.2%
公司总部整体	5.9%	5.4%	4.5%
分公司班子整体	4.2%	5.1%	3.6%
分公司整体	5.3%	4.8%	4.0%

图 3－50　2018～2020 年平均调薪率

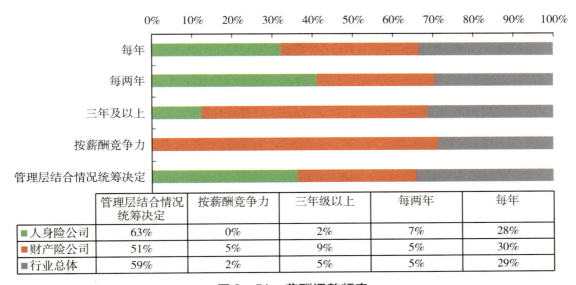

	管理层结合情况统筹决定	按薪酬竞争力	三年级以上	每两年	每年
人身险公司	63%	0%	2%	7%	28%
财产险公司	51%	5%	9%	5%	30%
行业总体	59%	2%	5%	5%	29%

图 3－51　薪酬调整频率

3.7.1.4 薪酬市场对标策略

从行业总体来看，60% 参与调研的保险公司表示薪酬市场定位为保险行业"大于等于 40 分位，小于等于 60 分位"，55% 参与调研的保险公司选择对标相似规模公司"大于等于 40 分位，小于等于 60 分位"。2019 年保险公司薪酬市场对标策略详见图 3－52。

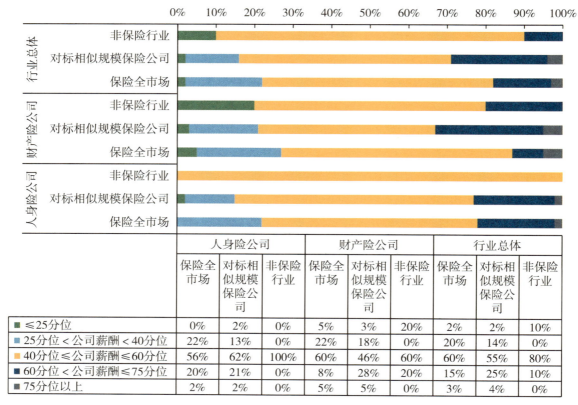

	人身险公司			财产险公司			行业总体		
	保险全市场	对标相似规模保险公司	非保险行业	保险全市场	对标相似规模保险公司	非保险行业	保险全市场	对标相似规模保险公司	非保险行业
≤25分位	0%	2%	0%	5%	3%	20%	2%	2%	10%
25分位＜公司薪酬＜40分位	22%	13%	0%	22%	18%	0%	20%	14%	0%
40分位≤公司薪酬≤60分位	56%	62%	100%	60%	46%	60%	60%	55%	80%
60分位＜公司薪酬≤75分位	20%	21%	0%	8%	28%	20%	15%	25%	10%
75分位以上	2%	2%	0%	5%	5%	0%	3%	4%	0%

图 3 -52　2019 年保险公司薪酬市场对标策略

3.7.2　绩效薪酬核定方式

3.7.2.1　行业总体绩效薪酬核定方式

参与调研的公司，各层级机构销售人员的绩效薪酬核定方式主要为业绩提奖/销售佣金。其中分公司/中心支公司销售人员的绩效薪酬核定方式是业绩提奖/佣金的占比为75%，支公司销售人员的绩效薪酬核定方式是业绩提奖/佣金的占比为76%。其他人员以采用目标奖金的方式为主，其中分公司/中心支公司及支公司的销售团队管理人员，采用业绩提奖/销售佣金方式的占比与采用目标奖金的占比基本一致甚至略高，体现了越贴近基层一线，绩效薪酬核定方式与业绩直接挂钩。行业总体各类型人员绩效薪酬核定方式详见图 3 -53。

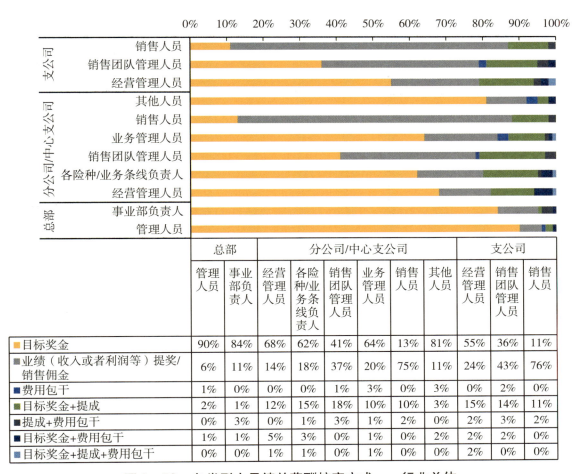

	总部		分公司/中心支公司						支公司		
	管理人员	事业部负责人	经营管理人员	各险种/业务条线负责人	销售团队管理人员	业务管理人员	销售人员	其他人员	经营管理人员	销售团队管理人员	销售人员
目标奖金	90%	84%	68%	62%	41%	64%	13%	81%	55%	36%	11%
业绩（收入或者利润等）提奖/销售佣金	6%	11%	14%	18%	37%	20%	75%	11%	24%	43%	76%
费用包干	1%	0%	0%	0%	1%	3%	0%	3%	0%	2%	0%
目标奖金+提成	2%	1%	12%	15%	18%	10%	10%	3%	15%	14%	11%
提成+费用包干	0%	3%	0%	1%	3%	1%	2%	0%	2%	3%	2%
目标奖金+费用包干	1%	1%	5%	3%	0%	1%	0%	2%	2%	2%	0%
目标奖金+提成+费用包干	0%	0%	1%	1%	0%	1%	0%	0%	2%	0%	0%

图 3 –53 各类型人员绩效薪酬核定方式——行业总体

3.7.2.2 财产险公司绩效薪酬核定方式

参与调研财产险公司的绩效薪酬核定方式主要是目标奖金和业绩提奖/销售佣金。与下文中的人身险公司相比，财产险公司中采用目标奖的占比更多。财产险公司各类型人员的绩效薪酬核定方式详见图 3 –54。

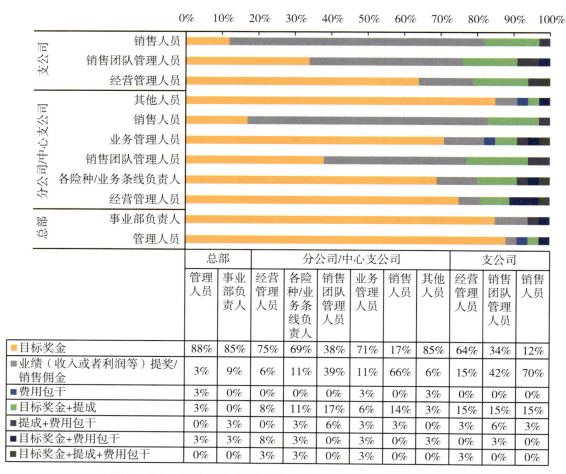

	总部		分公司/中心支公司						支公司		
	管理人员	事业部负责人	经营管理人员	各险种/业务条线负责人	销售团队管理人员	业务管理人员	销售人员	其他人员	经营管理人员	销售团队管理人员	销售人员
■目标奖金	88%	85%	75%	69%	38%	71%	17%	85%	64%	34%	12%
■业绩（收入或者利润等）提奖/销售佣金	3%	9%	6%	11%	39%	11%	66%	6%	15%	42%	70%
■费用包干	3%	0%	0%	0%	0%	3%	0%	3%	0%	0%	0%
■目标奖金+提成	3%	0%	8%	11%	17%	6%	14%	3%	15%	15%	15%
■提成+费用包干	0%	3%	0%	3%	6%	3%	3%	0%	3%	6%	3%
■目标奖金+费用包干	3%	3%	8%	3%	0%	3%	0%	0%	0%	3%	0%
■目标奖金+提成+费用包干	0%	0%	3%	3%	0%	3%	0%	0%	3%	0%	0%

图 3–54　各类型人员绩效薪酬核定方式——财产险公司

3.7.2.3　人身险公司绩效薪酬核定方式

参与调研人身险公司的绩效薪酬核定方式主要是目标奖金和业绩提奖/销售佣金。人身险公司各类型人员绩效薪酬核定方式详见图 3–55。

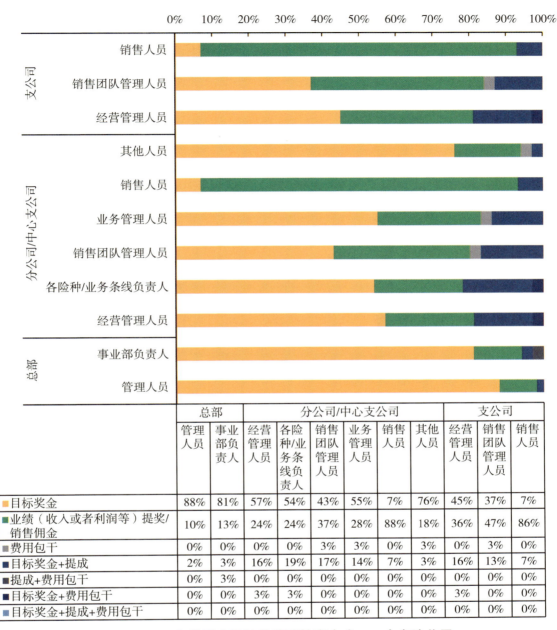

图 3-55 各类型人员绩效薪酬核定方式——人身险公司

	总部		分公司/中心支公司						支公司		
	管理人员	事业部负责人	经营管理人员	各险种/业务条线负责人	销售团队管理人员	业务管理人员	销售人员	其他人员	经营管理人员	销售团队管理人员	销售人员
目标奖金	88%	81%	57%	54%	43%	55%	7%	76%	45%	37%	7%
业绩（收入或者利润等）提奖/销售佣金	10%	13%	24%	24%	37%	28%	88%	18%	36%	47%	86%
费用包干	0%	0%	0%	0%	3%	3%	0%	3%	0%	3%	0%
目标奖金+提成	2%	3%	16%	19%	17%	14%	7%	3%	16%	13%	7%
提成+费用包干	0%	3%	0%	0%	0%	0%	0%	0%	0%	0%	0%
目标奖金+费用包干	0%	0%	3%	3%	0%	0%	0%	0%	3%	0%	0%
目标奖金+提成+费用包干	0%	0%	0%	0%	0%	0%	0%	0%	0%	0%	0%

3.7.3 中长期激励计划

3.7.3.1 中长期激励计划实施对象

从行业总体来看，针对核心层管理者实施中长期激励计划的公司占比最高，为22%，其次为针对二级机构主要负责人实施中长期激励计划，占比为19%，第三为针对总部部门负责人实施中长期激励计划，占比为 18%。

参加调研的保险公司中，财产险各类人员实施中长期激励计划占比均高于人身险公司。不同险种公司中长期激励实施情况详见图 3 – 56。

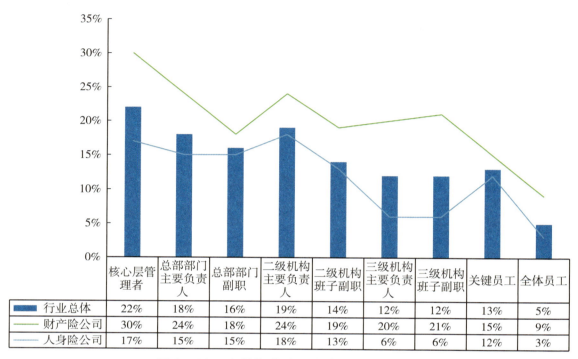

	核心层管理者	总部部门主要负责人	总部部门副职	二级机构主要负责人	二级机构班子副职	三级机构主要负责人	三级机构班子副职	关键员工	全体员工
行业总体	22%	18%	16%	19%	14%	12%	12%	13%	5%
财产险公司	30%	24%	18%	24%	19%	20%	21%	15%	9%
人身险公司	17%	15%	15%	18%	13%	6%	6%	12%	3%

图 3 – 56   中长期激励实施情况——分险种

3.7.3.2   中长期激励方式

调研结果显示，随着员工层级提高，激励方式会更加多元化。核心层管理者、总部部门负责人、总部部门副职常见的中长期激励工具包括股票增值权、限制性股票以及绩效单元（长期奖金计划）。从行业总体来看，退休金计划的普及率最高，60% 参与调研的保险公司为全体员工提供退休金计划；其次是限制性股票/受限制股份计划和绩效单元（长期奖金计划），均有超过 20% 的公司为各层级管理者提供该类型的中长期激励。中长期激励方式详见表 3 – 26。

表 3 -26　　　　　　　　　中长期激励方式——行业总体　　　　　单位：%

项目	核心层管理者	总部部门主要负责人	总部部门副职	二级机构主要负责人	二级机构班子副职	三级机构主要负责人	三级机构班子副职	关键员工	全体员工
股票期权/购股权计划	18	13	14	6	8	9	9	17	0
限制性股票/受限制股份计划	27	25	21	24	23	27	27	25	0
股票增值权	5	6	7	6	8	0	0	8	0
虚拟股票分红权	5	6	7	6	8	0	0	0	0
虚拟股票增值权	0	0	0	0	0	0	0	0	0
分红权计划	0	0	0	0	0	0	0	0	20
奖金池计划（利润分享）	5	6	0	12	8	18	18	0	0
绩效单元（长期奖金计划）	23	19	21	24	23	18	18	25	20
退休金计划	18	25	29	24	23	27	27	25	60

3.7.4　案例：信泰人寿人力资源管理体系

为有效支撑公司战略规划和业务发展，信泰人寿人力资源绩效管理以"夯实基础，提质增效"为核心，不断优化、完善组织与个人绩效体系，提升公司制度、机制、人才竞争力，实现人力资本投资效益最大化，为公司的持续发展和战略达成提供良好服务、有效支持和充足保障。

一、制度竞争力建设

（一）职业发展制度建设，实现绩效与发展相结合

以岗职体系为基础，实现员工配置与岗位相结合。依据公司战略规划，以支持业务发展为目标，建立标准化岗职体系，基于任职资格与能力素质配置适岗人才；以岗位价值为核心，实现员工岗位与价值相结合；依据岗位价值大小，以行业与市场水平为参考，核定在岗员工职级职务，匹配相应的薪酬激励；以绩效考核为牵引，实现员工贡献与发展相结合；依据个人贡献多少，以绩效考核结果为基础，为绩效优异、贡献突出的员工创造更多发展机会和更大发展空间；以职业发展为目的，实现员工发展与能力相结合；依据个人发展意愿，以管理与专业双通道发展为路径，促进员工能力素质提升，实现员工职业发展多元化。

（二）绩效管理制度建设，落实绩效全流程管控

阳光透明，公平管理；以事实为基础，采用客观的标准衡量组织和个人绩效，做到制度、标准、程序和结果公开透明；平衡设定，目标管理。保证长期性指标与短期性指标、财务指标与非财务指标、结果类指标与过程类指标的合理平衡；贯穿沟通，循环管理；各层级的绩效管理工作包括绩效计划、绩效辅导、绩效评估、绩效结果的应用，管理过程持续循环，贯穿上下级间的双向沟通；绩效为本，文化管理；强调个人与组织绩效目标协调一致，倡导上下一心、团结协作，鼓励创新突破、追求卓越，建设高绩效企业文化。

（三）薪酬管理制度建设，明确薪酬支付绩效导向

为岗位付薪、为能力付薪、为绩效付薪，以市场水平为基础，实现岗位、能力与绩效的有机结合是公司薪酬支付的核心理念。

为岗位付薪：公司通过科学的岗位评估方法衡量各岗位的贡献和价值大小，通过岗位职级、市场数据及公司的薪酬定位确定岗位工资水平。

为能力付薪：公司通过不同岗位序列、职务等级人员的任职资格标准和能力素质要求确定员工的职位等级，综合考量员工的能力水平，确定职位工资水平。

为绩效付薪：以员工综合绩效表现为基础，通过绩效奖金的形式体现员工综合绩效表现的差异，确定绩效薪酬的差异化激励。

二、机制竞争力建设

（一）以绩效为导向，强化人力编制管控

定岗定责，人岗匹配。根据公司发展战略，在满足监管要求下，制定总、分支组织架构与岗位设置标准，明确组织与岗位职责，实现职责到岗，责任到人。

定岗定编，精简高效。建立以业务达成、绩效考核相挂钩的人力编制管理模式，建立以月度为单位的人力编制执行管控模式，在支持业务发展的同时，实现人力投编制管控的科学化、精准化。

（二）以绩效为导向，优化成本投产管理

以产定投，强化资源投入与业务达成的同步性，增强了分支机构的经营意识和效益意识。强化成本管理与绩效考核的联动，在人力成本整体可控的前提下，实现成本资源向绩优单位倾斜。以分公司条线为单位，逐步建立百元标保人力费用衡量标准，提高人力成本投放的合理性与科学性，促进人均产能的整体拉升。

（三）以绩效为导向，建立分层考核体系

以平衡记分卡为工具，进行组织绩效考核。各级单位结合公司经营战略和组织职责，分析年度重点工作内容，结合平衡记分卡各维度确定组织绩效指标。组织绩效考核结果直接计入各单位负责人的绩效考核成绩。以关键绩效指标法为工具，进行个人绩效考核。各级负责人对所属员工的工作业绩和岗位胜任能力进行考核。个人绩效考核结果与待遇、晋升、培训相结合。

三、人才竞争力建设

（一）以绩效为标准，优化引才标准与人才结构

公司重视高素质人才的引进，总公司要求研究生学历及以上，分公司要求本科学历及以上；重视年轻人才的引进，引入干部要求平均年龄不超过 45 岁，社招员工要求平均年龄不超过 35 岁；重视懂业务、懂专业等专业人才的引进，提升人才队伍整体专业水平；重视同业业绩突出、绩效优秀的关键人员引进，逐步置换不适岗、低绩效人员。

（二）以绩效为依据，健全干部选拔任用机制

强化干部目标责任，各级业务干部需签订业务目标责任书，强化目标达成管理；推进干部挂职轮岗，鼓励总、分公司干部赴机构挂职轮岗，贴近业务前线，积累机构经营经验，促进干部锻炼成长；加强干部任前考察，拟任干部由各级人力资源部门组织进行任前考察，结合绩效考核结果，择优任用；建立干部退出机制，实现干部管理"能上能下"，奖优罚劣，末位淘汰。

（三）以绩效为目标，加强人才培训与梯队建设

建设学习型组织，以网络大学为平台，以主题活动为抓手，建立线上线下相结合的培训模式，培养人才技能，提升绩效表现，逐步建立内部专业序列任职资格标准与评价体系，为打造专业人才队伍奠定基础。

3.7.5　案例：东京海上集团－朝全日本人才成长最多的公司前进

东京海上日动火灾保险株式会社（简称东京海上日动）是日本 Tokio Marine Holdings 旗下的财产保险公司。创建于 1879 年，是日本历史上第一家也是规模最大的财产保险公司。其经营网络不仅遍布日本，还遍及世界各地 41 个国家和地区。在 2021 年的福布斯全球 500 强企业排行榜上处于第 208 名。

企业理念：

（1）员工是集团最重要的资产，也是实现"好公司"愿景的关键驱动力。

（2）我们的目标是在业务的各个方面吸引和留住最优秀的人才，以确保为客户及其社区提供安全保障。

（3）我们的员工富有激情和挑战精神，我们为他们提供职业发展和持续个人成长的机会。

（4）我们努力创造一个可以充分发挥潜力的经营环境，在成为一家优秀公司的无尽旅程中笃行不怠。

对于东京海上集团来说，"人"和他们所创造出的信任是所有竞争力的源泉，而人力资源开发则是一个非常重要的主题。东京海上集团的各公司以"东京海上集团精神"为基础，通过构建适合其业务特点的能力培养计划和人事制度，努力开发人力资源。例如，Tokio Marine & Nichido 的目标是成为"人们在日本成长最多的公司"，以实现"为客户提供安全、被选中并持续发展的公司"，如中期经营计划。公司还建立了一个支持自助的系统，以响应每个员工的成长愿望，具体来说就是在公司内部定期举行上下级面谈，实现每位员工的职业愿景。在面试中下属会分享自己想要成为什么样的人以及他们的长处和短处，而公司则为他们提供有助于他们成长的具有挑战性的职责安排。此外，公司也会就计划中的在职员工和非职员工的自我发展计划举行上下级对话，以提高每个人的能力（行为和思维特征）。

此外，除了职级培训、选拔培训、专业培训、e – Learning 等，还有以青年员工为主的短期海外派遣、国内外商学院、法学院等的外派培训，东京海上集团正在努力培养具有广阔视野、国际意识和先进专业知识的人才。

（案例来源：由编写组成员进行行业专题访谈后整理所得。）

第 3.8 节　保险行业组织经营效能与人力成本

本节以人力成本和效能为主题，内容涵盖了两个方面：一是保险行业组织经营效能。组织经营效能，是组织效能的一个维度。组织效能通常分为组织经营效能、人力资本效能、组织健康三大维度，是衡量企业经营效能的评价标准，为组织注入逻辑性和秩序，成为企业经营管理的重要组成部分。本节通过对保险行业产出指标、投入指标、投入产出指标及生产力指标等关键数据的比对展现行业组织经营效能情况。二是人力成本。人力成本常用相关指标分为"额度指标和比率指标"两类。额度指标主要包括人力成本总额、人力成本各组成要素及人均人力成本额、单位时间人力成本额、单位产品人力成本额等；比率指标主要包括人力成本费用率、人力成本占总成本的比率、人均劳动效率等。本节通过对行业人力成本占总成本比例、人均人力成本及人力成本结构等关键数据的比对，呈现行业整体及不同类别公司的人力成本费用结构情况。

3.8.1 组织经营效能情况

3.8.1.1 行业总体组织经营效能情况

参与调研并提供完整组织经营效能指标的保险公司，2020 年人均保费收入的均值为 471 万元，人均总人力成本均值为 34 万元，单位人力成本保费收入均值为 18 元。行业总体组织经营效能指标详见表 3 - 27。

表 3 - 27 公司组织经营效能指标——行业总体

项目		P25	P50	P75	平均值
产出指标	总保费收入（万元）	130331	337895	917456	2959605
	税前利润（万元）	4299	11581	44122	263071
投入指标	员工总人数（人）	344	1199	3364	8134
	总人力成本（万元）	13169	21593	49341	93294
	总成本（万元）	94259	305243	1003045	3171270
投入产出指标	人力成本保费收入比（%）	5.0	7.9	13.0	11.2
生产力指标	人均保费收入（万元）	130	274	598	471
	公司人均总人力成本（万元）	18	27	39	34
	单位人力成本保费收入（元）	8	13	20	18

3.8.1.2 财产险公司组织经营效能情况

参与调研并提供完整组织经营效能指标的财产险公司，2020 年人均保费收入的均值为 264 万元，人均总人力成本均值为 25 万元，单位人力成本产出保费收入均值为 11 元。财产险公司组织经营效能指标详见表 3 - 28。

表 3 - 28 公司组织经营效能指标——财产险公司

	指标	P25	P50	P75	平均值
产出指标	总保费收入（万元）	105680	237886	594339	1414037
	税前利润（万元）	3177	7430	18865	76043
投入指标	员工总人数（人）	392	1376	3432	10695
	综合成本率（%）	99	105	112	113
	总人力成本（万元）	10817	18559	45183	91717
	总成本（万元）	72057	216874	572799	1251100
投入产出指标	人力成本保费收入比（%）	7.4	9.1	15.4	13.4
生产力指标	人均保费收入（万元）	117	159	290	264
	公司人均总人力成本（万元）	13	22	31	25
	单位人力成本保费收入（元）	6	11	13	11

3.8.1.3 人身险公司组织经营效能情况

参与调研并提供完整组织经营效能指标的人身险公司，2020 年人均保费收入的均值为 702 万元，人均总人力成本均值为 32 万元，单位人力成本产出保费收入均值为 25 元。人身险公司组织经营效能指标详见表 3 - 29。

表 3 - 29 公司组织经营效能指标——人身险公司

	指标	P25	P50	P75	平均值
产出指标	总保费收入（万元）	232160	608147	1593417	4342464
	新单首年保费收入（万元）	131993	575977	1306108	1613116
	新业务价值（万元）	7542	22911	78885	292162
	税前利润（万元）	7126	23274	52627	491465
投入指标	员工总人数（人）	536	1476	3751	7723
	总人力成本（万元）	14517	29173	54026	102975
	总成本（万元）	227921	630356	1956927	5388788
投入产出指标	总人力成本保费收入比（%）	3.6	5.5	8.9	8.8
生产力指标	人均保费收入（万元）	289	524	816	702
	人均新业务价值（万元）	10	13	28	19
	公司人均总人力成本（万元）	23	30	38	32
	单位人力成本保费收入（元）	11	18	27	25
	单位人力成本新业务价值（元）	0.3	0.5	0.9	0.7

3.8.2　人力成本情况

3.8.2.1　人力成本占总成本比

从行业总体来看，2020 年参与调研的保险公司人力成本占总成本比例的 50 分位值为 8%。从过去四年的情况看，保险公司人力成本占总成本比例 50 分位值逐年降低。与 2019 年相比，2020 年 25 分位值、50 分位值和 75 分位值相差 1% 以内。2017～2020 年人力成本占总成本比例情况详见表 3-30。

表 3-30　　　　　2017～2020 年人力成本占总成本比例情况　　　单位：%

年份	P25	P50	P75
2017	8	13	19
2018	6	10	16
2019	5	9	12
2020	5	8	13

对比不同险种公司，人身险公司人力成本占总成本的比例低于财产险公司；对比不同规模公司，中小型公司人力成本占总成本的比例高于大型公司。不同险种、不同规模公司人力成本占总成本比例详见表 3-31。

表 3-31　　　　　　　　　人力成本占总成本比例

项目	行业总体	财产险公司	人身险公司	大型公司	中小型公司
人力成本占总成本比例（%）	11	13	9	8	11

3.8.2.2　人均人力成本

2020 年参与调研的保险公司人均人力成本 25 分位值为 18 万元，50 分位值为 27 万元，75 分位值为 39 万元，相较 2019 年度调研结果，除 50 分位值以外，人均人力成本均有所上升，2017～2020 年人均人力成本情况详见表 3-32。

表 3-32　　　　　　　　2017~2020 年人均人力成本情况　　　　　　单位：万元

年份	25 分位	50 分位	75 分位
2017	16	22	36
2018	16	23	33
2019	16	27	36
2020	18	27	39

对比不同险种公司，财产险公司人均人力成本 50 分位值为 22 万元，低于人身险公司的 50 分位值 30 万元；对比不同规模公司，大型公司人均人力成本 50 分位值为 17 万元，低于中小型公司的 50 分位值 29 万元。不同险种、不同规模公司2020 年人均人力成本详见表 3-33。

表 3-33　　　　　　　　　2020 年人均人力成本　　　　　　　　单位：万元

类型	P25	P50	P75	平均值
行业总体	18	27	39	34
财产险公司	13	22	31	25
人身险公司	23	30	38	32
大型公司	12	17	21	17
中小型公司	18	29	40	35

3.8.2.3　人力成本构成

相关调研数据显示，从行业总体来看，参与调研保险公司人力成本总额中招聘费用的占比为 0.2%、薪资成本的占比为 78.1%、法定福利成本 8.6%、公司福利成本 3.2%、培训费用 0.5%、其他人力成本 9.4%；财产险公司按照上述顺序依次为：0.3%、79.9%、11.5%、3.7%、0.4%、4.2%；人身险公司按照上述顺序依次为：0.1%、76.4%、7.7%、3.0%、0.5%、12.3%；大型公司按照上述顺序依次为：0.2%、74.9%、10.3%、2.6%、0.4%、11.6%；中小型公司按照上述顺序依次为：0.2%、82.3%、9.4%、4.5%、0.5%、3.1%。不同险种、不同规模公司与行业总体基本保持一致。2020 年人力成本构成情况详见图 3-57。

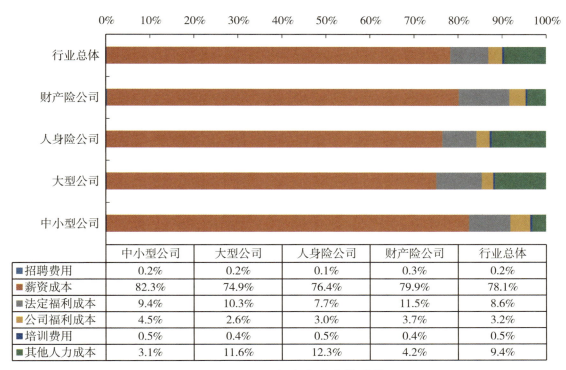

	中小型公司	大型公司	人身险公司	财产险公司	行业总体
■招聘费用	0.2%	0.2%	0.1%	0.3%	0.2%
■薪资成本	82.3%	74.9%	76.4%	79.9%	78.1%
■法定福利成本	9.4%	10.3%	7.7%	11.5%	8.6%
■公司福利成本	4.5%	2.6%	3.0%	3.7%	3.2%
■培训费用	0.5%	0.4%	0.5%	0.4%	0.5%
■其他人力成本	3.1%	11.6%	12.3%	4.2%	9.4%

图 3 - 57　2020 年人力成本构成情况

第 3.9 节　保险公司员工发展管理

本节以保险公司员工培养发展为主题涵盖员工职业发展管理情况、培训费用投入情况、培训时长、讲师和课程体系等。

3.9.1　职业生涯发展管理

3.9.1.1　专业岗位划分

专业岗位划分，就是将职责、专业、任职资格相近的岗位进行横向划分，形成岗位大类。专业岗位划分即体现了各类岗位间的市场价值的差异，也体现了该类岗位人才标准和培养发展方式和路径的差异。从行业总体来看，参加调研的保险公司将专业岗位划分为 0 ~ 10 类（含）的占比最高。专业岗位划分情况详见表 3 - 34。

表 3 -34 专业岗位划分情况 单位：%

岗位划分类数	行业总体	财产险公司	人身险公司	大型公司	中小型公司
0~5 类（含）	36.1	34.9	39.0	22.2	37.5
5~10 类（含）	35.1	39.5	31.7	44.5	34.1
10~15 类（含）	19.6	18.6	19.6	22.2	19.3
15~20 类（含）	5.2	6.9	0.0	0.0	5.7
20~25 类（含）	3.0	0.0	7.3	11.1	2.3
25~30 类（含）	1.0	0.0	2.4	0.0	1.1
30 类以上	0.0	0.0	0.0	0.0	0.0

3.9.1.2 专业序列发展空间

从行业总体来看，86%的公司具备双通道的职业发展体系。不同险种、不同规模的公司双通道职业发展体系情况详见图 3 -58。

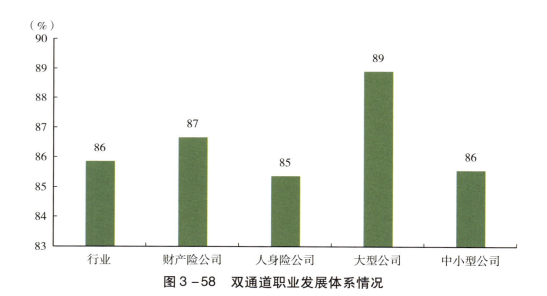

图 3 -58 双通道职业发展体系情况

在专业序列的最高职级与管理序列层级的对应关系方面，54.02%参与调研的保险公司表示本公司专业序列的最高职级相当于高层管理者层级，占比最高，其次是相当于中层管理者层级，占比为 25.29%。专业序列发展空间详见表 3 -35。

表 3 - 35　　　　　　　　　　专业序列发展空间　　　　　　　　　单位：%

对应层级	行业总体	财产险公司	人身险公司	大型公司	中小型公司
低于基层管理者	0.00	0.00	0.00	0.00	0.00
与基层管理者相当	2.30	2.64	2.70	0.00	2.53
与中层管理者相当	25.29	23.68	29.73	0.00	27.85
与高层管理者相当	54.02	57.89	51.35	62.50	53.16
与核心层管理者相当	18.39	15.79	16.22	37.50	16.46

3.9.1.3　晋升管理

为形成合理的人员队伍结构，引导员工有序晋升，公司通常采用控制人员晋升比例或者规定各职级职数比例的形式管理员工晋升人数。从行业总体来看，参与调研保险公司表示两种方式都采用的占比最高，约为83.75%；不同险种公司与行业总体基本保持一致；对比不同规模公司，大型公司控制晋升占比的情况明显小于中小型公司。晋升人数管控方式详见图3-59。

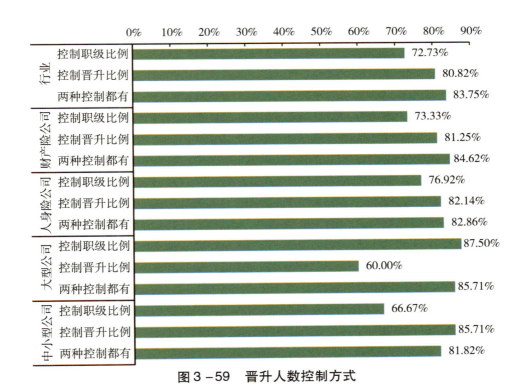

图 3 - 59　晋升人数控制方式

从行业总体来看，约 25.4% 的参与调研保险公司表示对于 L1 级人员满足绩效结果和年限要求即可自然晋升，随着职级的提高，对相应职级执行自然晋升的保险公司占比降低；不同险种公司，自然晋升情况与行业总体基本保持一致；对比不同规模公司，对 L1 级、L2 级执行自然晋升的大型公司占比分别为 28.7% 和 21.4%，高于中小型公司的 24.9% 和 21.9%。自然晋升职级详见图 3 - 60。

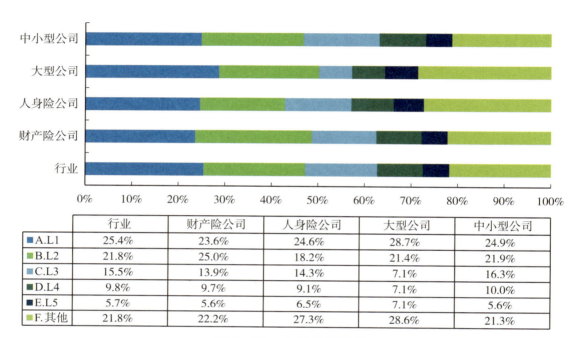

	行业	财产险公司	人身险公司	大型公司	中小型公司
■ A.L1	25.4%	23.6%	24.6%	28.7%	24.9%
■ B.L2	21.8%	25.0%	18.2%	21.4%	21.9%
■ C.L3	15.5%	13.9%	14.3%	7.1%	16.3%
■ D.L4	9.8%	9.7%	9.1%	7.1%	10.0%
■ E.L5	5.7%	5.6%	6.5%	7.1%	5.6%
■ F.其他	21.8%	22.2%	27.3%	28.6%	21.3%

图 3 - 60　自然晋升职级

3.9.2　培训管理

3.9.2.1　培训费用核定方式

相关调研数据显示，从行业总体来看，培训费用核定方式是"员工薪酬总额的一定占比"的占比为 22.6%、"公司年度营业收入/利润的一定占比"的占比为4.8%、"公司每年度单独按照培训项目需求核算"的占比为 63.1%、"确定年度人均培训成本后乘以当年度各部门需培训人数"的占比为 4.8%、"其他"的占比为4.8%；财产险公司按照上述顺序依次为：22.9%、5.7%、62.9%、2.9%、5.7%；人身险公司按照上述顺序依次为：23.3%、2.3%、65.1%、7.0%、2.3%；大型公司按照上述顺序依次为：40.0%、0.0%、50.0%、0.0%、10.0%；中小型公司按照上述顺序依次为：20.3%、5.4%、64.9%、5.4%、4.1%。

3.9.2.2　人均培训成本

从行业总体来看，核心管理者人均经费投入大于 1 万元的占比最高，高层管理者人均经费投入在 5000~10000 元区间的占比最高，中层管理者人均经费投入在 2000~5000 元区间的占比最高，基层管理者人均经费投入在 1000~2000 元区间的占比最高，专业能力培训人均经费投入在 1000~2000 元区间占比最高、基本技能培训的人均经费投入在 300~500 元区间占比最高；不同险种、不同规模公司与行业总体基本保持一致。人均培训成本投入详见图 3-61、图 3-62、图 3-63。

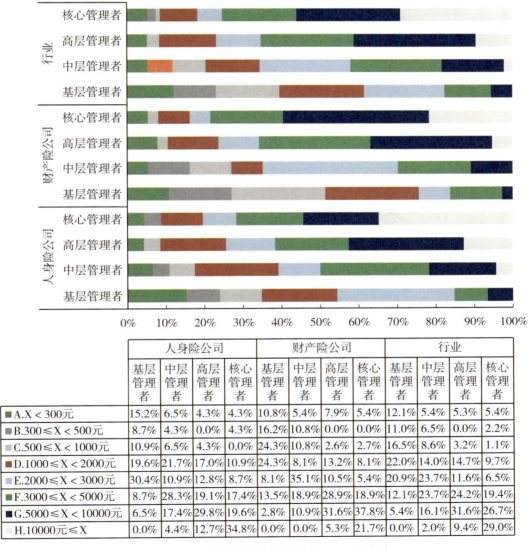

	人身险公司				财产险公司				行业			
	基层管理者	中层管理者	高层管理者	核心管理者	基层管理者	中层管理者	高层管理者	核心管理者	基层管理者	中层管理者	高层管理者	核心管理者
A.X<300元	15.2%	6.5%	4.3%	4.3%	10.8%	5.4%	7.9%	5.4%	12.1%	5.4%	5.3%	5.4%
B.300≤X<500元	8.7%	4.3%	0.0%	4.3%	16.2%	10.8%	0.0%	0.0%	11.0%	6.5%	0.0%	2.2%
C.500≤X<1000元	10.9%	6.5%	4.3%	0.0%	24.3%	10.8%	2.6%	2.7%	16.5%	8.6%	3.2%	1.1%
D.1000≤X<2000元	19.6%	21.7%	17.0%	10.9%	24.3%	8.1%	13.2%	8.1%	22.0%	14.0%	14.7%	9.7%
E.2000≤X<3000元	30.4%	10.9%	12.8%	8.7%	8.1%	35.1%	10.5%	5.4%	20.9%	23.7%	11.6%	6.5%
F.3000≤X<5000元	8.7%	28.3%	19.1%	17.4%	13.5%	18.9%	28.9%	18.9%	12.1%	23.7%	24.2%	19.4%
G.5000≤X<10000元	6.5%	17.4%	29.8%	19.6%	2.8%	10.9%	31.6%	37.8%	5.4%	16.1%	31.6%	26.7%
H.10000元≤X	0.0%	4.4%	12.7%	34.8%	0.0%	0.0%	5.3%	21.7%	0.0%	2.0%	9.4%	29.0%

图 3-61　人均培训成本投入——分险种

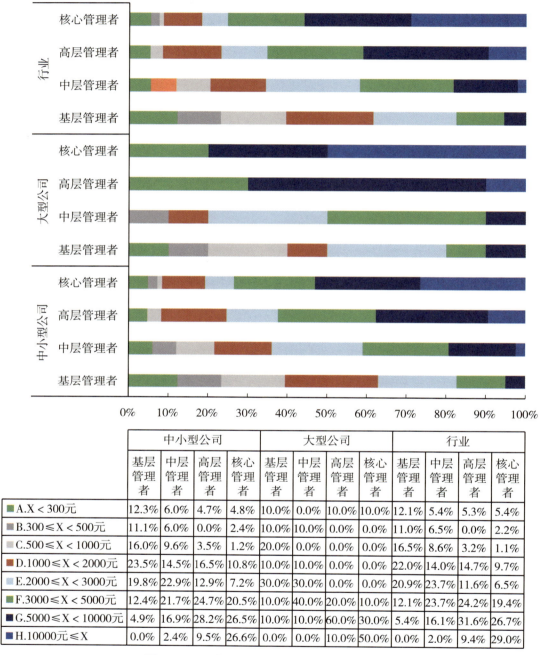

	中小型公司				大型公司				行业			
	基层管理者	中层管理者	高层管理者	核心管理者	基层管理者	中层管理者	高层管理者	核心管理者	基层管理者	中层管理者	高层管理者	核心管理者
■A.X＜300元	12.3%	6.0%	4.7%	4.8%	10.0%	0.0%	10.0%	10.0%	12.1%	5.4%	5.3%	5.4%
■B.300≤X＜500元	11.1%	6.0%	0.0%	2.4%	10.0%	10.0%	0.0%	0.0%	11.0%	6.5%	0.0%	2.2%
■C.500≤X＜1000元	16.0%	9.6%	3.5%	1.2%	20.0%	0.0%	0.0%	0.0%	16.5%	8.6%	3.2%	1.1%
■D.1000≤X＜2000元	23.5%	14.5%	16.5%	10.8%	10.0%	10.0%	0.0%	0.0%	22.0%	14.0%	14.7%	9.7%
■E.2000≤X＜3000元	19.8%	22.9%	12.9%	7.2%	30.0%	30.0%	0.0%	0.0%	20.9%	23.7%	11.6%	6.5%
■F.3000≤X＜5000元	12.4%	21.7%	24.7%	20.5%	10.0%	40.0%	20.0%	10.0%	12.1%	23.7%	24.2%	19.4%
■G.5000≤X＜10000元	4.9%	16.9%	28.2%	26.5%	10.0%	10.0%	60.0%	30.0%	5.4%	16.1%	31.6%	26.7%
■H.10000元≤X	0.0%	2.4%	9.5%	26.6%	0.0%	0.0%	10.0%	50.0%	0.0%	2.0%	9.4%	29.0%

图 3 – 62　人均培训成本投入——分规模

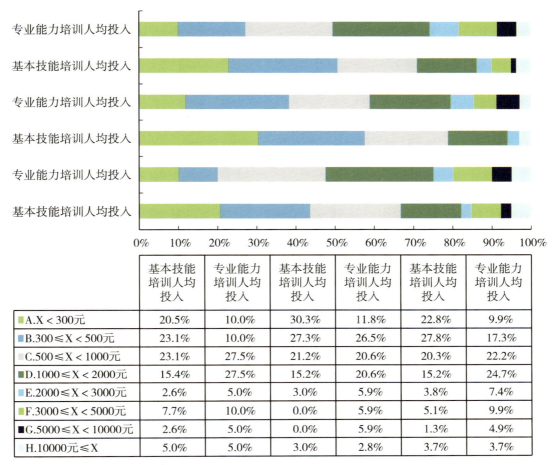

	基本技能 培训人均 投入	专业能力 培训人均 投入	基本技能 培训人均 投入	专业能力 培训人均 投入	基本技能 培训人均 投入	专业能力 培训人均 投入
■A.X < 300元	20.5%	10.0%	30.3%	11.8%	22.8%	9.9%
■B.300≤X < 500元	23.1%	10.0%	27.3%	26.5%	27.8%	17.3%
■C.500≤X < 1000元	23.1%	27.5%	21.2%	20.6%	20.3%	22.2%
■D.1000≤X < 2000元	15.4%	27.5%	15.2%	20.6%	15.2%	24.7%
■E.2000≤X < 3000元	2.6%	5.0%	3.0%	5.9%	3.8%	7.4%
■F.3000≤X < 5000元	7.7%	10.0%	0.0%	5.9%	5.1%	9.9%
■G.5000≤X < 10000元	2.6%	5.0%	0.0%	5.9%	1.3%	4.9%
■H.10000元≤X	5.0%	5.0%	3.0%	2.8%	3.7%	3.7%

图 3 –63　基本技能与专业能力人均培训成本投入

3.9.2.3　培训学时要求

从行业总体来看，参与调研保险公司表示对全员都有最低学时要求的占比最高，为47.7%，其次是仅对监管规定的管理者有最低学时要求，占比为24.3%。培训学时要求详见表3 – 36。

表 3 –36　　　　　　　　　　　　培训学时要求　　　　　　　　　　　单位：%

要求范围	行业总体	财产险公司	人身险公司	大型公司	中小型公司
对全员都有最低学时要求	47.7	54.4	38.0	63.6	45.8
仅对监管规定的管理层 有最低学时要求	24.3	23.9	24.0	18.2	25.0

续表

要求范围	行业总体	财产险公司	人身险公司	大型公司	中小型公司
对全部管理层都有最低学时要求	2.8	2.2	4.0	0.0	3.2
对管理层和重要员工岗位才有最低学时要求	12.1	6.5	20.0	9.1	12.5
尚未提出此类要求	13.1	13.0	14.0	9.1	13.5

在行业总体中，有约 20.0% 的公司将年度培训时长和结果作为晋升的必要条件，尤其在大型保险公司中，该情况比较明显。将培训参与度作为晋升的必要条件的公司情况详见图 3 - 64。

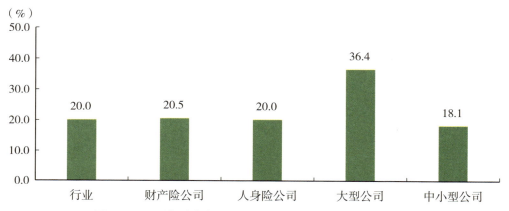

图 3 - 64　培训参与度作为晋升必要条件的公司情况

3.9.2.4　各职级培训时长

从行业总体来看，参与调研保险公司 L1 ~ L2 的学习时间在 10 ~ 20 小时的占比最高、L3 ~ L4 的学习时间在 40 ~ 60 小时的占比最高；不同险种、不同规模公司与行业总体基本保持一致。不同险种、不同规模公司各职级人均培训时长详见图 3 - 65。

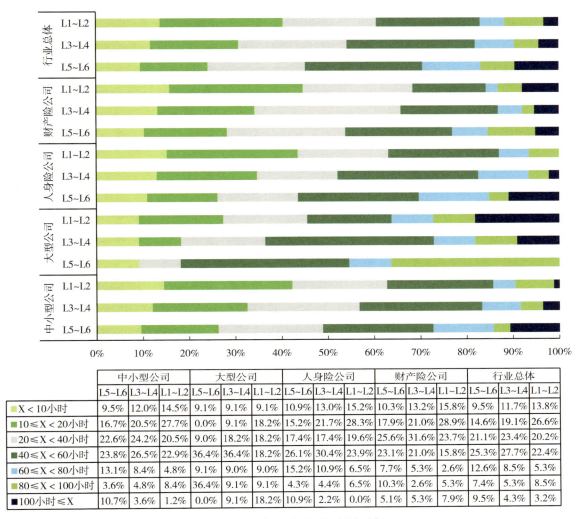

	中小型公司			大型公司			人身险公司			财产险公司			行业总体		
	L5~L6	L3~L4	L1~L2	L5~L6	L3~L4	L1~L2	L5~L6	L3~L4	L1~L2	L5~L6	L3~L4	L1~L2	L5~L6	L3~L4	L1~L2
X < 10小时	9.5%	12.0%	14.5%	9.1%	9.1%	9.1%	10.9%	13.0%	15.2%	10.3%	13.2%	15.8%	9.5%	11.7%	13.8%
10≤X < 20小时	16.7%	20.5%	27.7%	0.0%	9.1%	18.2%	15.2%	21.7%	28.3%	17.9%	21.0%	28.9%	14.6%	19.1%	26.6%
20≤X < 40小时	22.6%	24.2%	20.5%	9.0%	18.2%	18.2%	17.4%	17.4%	19.6%	25.6%	31.6%	23.7%	21.1%	23.4%	20.2%
40≤X < 60小时	23.8%	26.5%	22.9%	36.4%	36.4%	18.2%	26.1%	30.4%	23.9%	23.1%	21.0%	15.8%	25.3%	27.7%	22.4%
60≤X < 80小时	13.1%	8.4%	4.8%	9.1%	9.0%	9.0%	15.2%	10.9%	6.5%	7.7%	5.3%	2.6%	12.6%	8.5%	5.3%
80≤X < 100小时	3.6%	4.8%	8.4%	36.4%	9.1%	9.1%	4.3%	4.4%	6.5%	10.3%	2.6%	5.3%	7.4%	5.3%	8.5%
100小时≤X	10.7%	3.6%	1.2%	0.0%	9.1%	18.2%	10.9%	2.2%	0.0%	5.1%	5.3%	7.9%	9.5%	4.3%	3.2%

图 3-65　各职级人均培训时长

　　从行业总体来看，保险公司核心管理层、高级管理层以及分支机构班子学习时间大于 100 小时的占比最高，中级管理层学习时间占比最高的是 40~60 小时；对比不同险种公司，人身险公司各管理层学习时间大于 100 小时的占比与财产险公司相似或远超过财产险公司；对比不同规模公司，大型公司除分支机构班子外各管理层级学习时间超过 100 小时的占比超过中小型公司。不同险种、不同规模公司各层级管理者人均培训时长详见图 3-66。

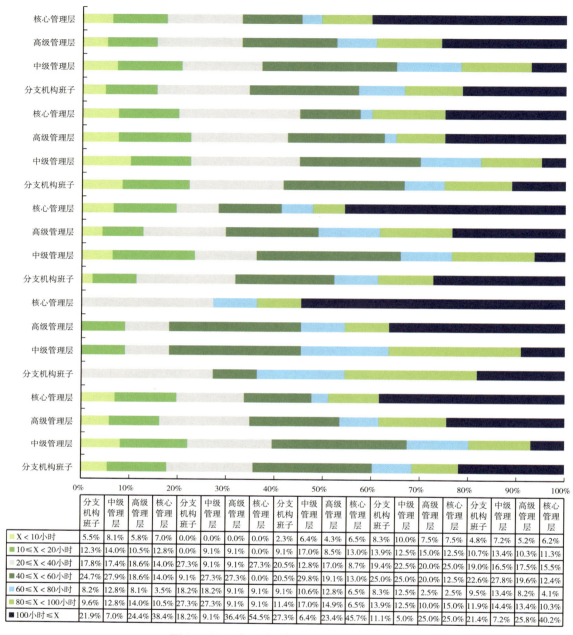

	分支机构班子	中级管理层	高级管理层	核心管理层	分支机构班子	中级管理层	高级管理层	核心管理层	分支机构班子	中级管理层	高级管理层	核心管理层	分支机构班子	中级管理层	高级管理层	核心管理层	分支机构班子	中级管理层	高级管理层	核心管理层
X<10小时	5.5%	8.1%	5.8%	7.0%	0.0%	0.0%	0.0%	0.0%	2.3%	6.4%	4.3%	6.5%	8.3%	10.0%	7.5%	7.5%	4.8%	7.2%	5.2%	6.2%
10≤X<20小时	12.3%	14.0%	10.5%	12.8%	0.0%	9.1%	9.1%	0.0%	9.1%	17.0%	8.5%	13.0%	13.9%	12.5%	15.0%	12.5%	10.7%	13.4%	10.3%	11.3%
20≤X<40小时	17.8%	17.4%	18.6%	14.0%	27.3%	9.1%	9.1%	27.3%	20.5%	12.8%	17.0%	8.7%	19.4%	22.5%	20.0%	25.0%	19.1%	16.5%	17.5%	15.5%
40≤X<60小时	24.7%	27.9%	18.6%	14.0%	9.1%	27.3%	27.3%	0.0%	20.5%	29.8%	19.1%	13.0%	25.0%	25.0%	20.0%	12.5%	22.6%	27.8%	19.6%	12.4%
60≤X<80小时	8.2%	12.8%	8.1%	3.5%	18.2%	18.2%	9.1%	9.1%	9.1%	10.6%	12.8%	6.5%	8.3%	12.5%	2.5%	2.5%	9.5%	13.4%	8.2%	4.1%
80≤X<100小时	9.6%	12.8%	14.0%	10.5%	27.3%	27.3%	9.1%	9.1%	11.4%	17.0%	14.9%	6.5%	13.9%	12.5%	10.0%	15.0%	11.9%	14.4%	13.4%	10.3%
100小时≤X	21.9%	7.0%	24.4%	38.4%	18.2%	9.1%	36.4%	54.5%	27.3%	6.4%	23.4%	45.7%	11.1%	5.0%	25.0%	25.0%	21.4%	7.2%	25.8%	40.2%

图 3 - 66   各层级管理者人均培训时长

3.9.3   讲师配备

3.9.3.1   讲师体系搭建

从行业总体来看，62.50% 的参与调研保险公司建立了讲师体系，另外约

37.40% 的公司还未建立讲师体系；对比不同规模公司，大型公司已经全部建立了讲师体系；不同险种公司讲师体系建设情况与行业总体基本保持一致。讲师体系搭建情况详见图 3 - 67。

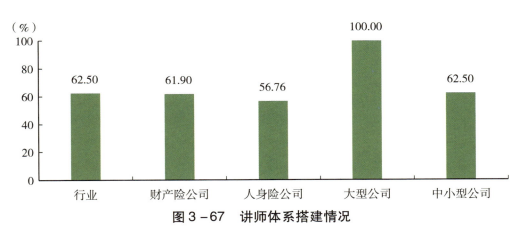

图 3 - 67　讲师体系搭建情况

3.9.3.2　讲师考核要求

从行业总体来看，59.04% 的公司对内部讲师有内部考核要求，其余公司未对内部讲师进行考核；从险种来看，财产险公司比人身险公司更注重对讲师的考核；从规模来看，大型公司均有讲师考核要求，中小型公司分布比较平均。讲师体系搭建情况详见图 3 - 68。

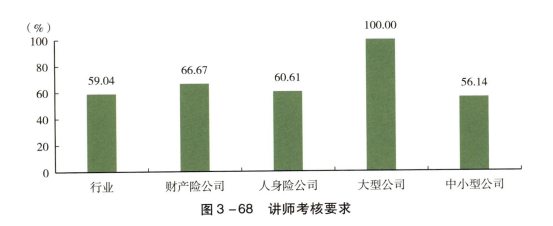

图 3 - 68　讲师考核要求

从行业总体来看，"授课数量"为最重要的考核指标，其次为"授课时长"

"授课评价"；不同险种公司、不同规模公司情况与行业总体情况差异不大。内部讲师考核指标情况详见图 3 –69。

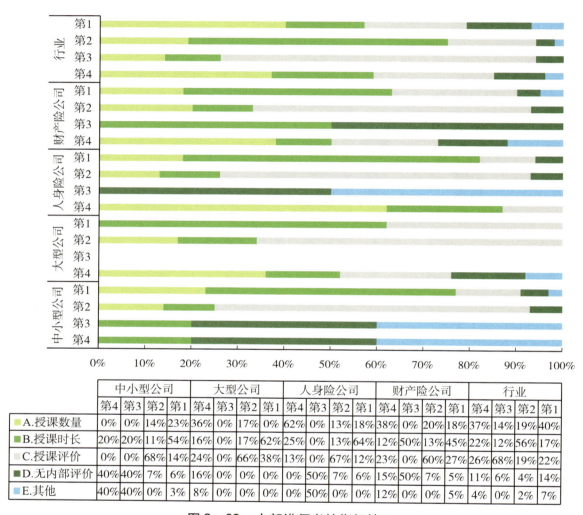

	中小型公司				大型公司				人身险公司				财产险公司				行业			
	第4	第3	第2	第1	第4	第3	第2	第1	第4	第3	第2	第1	第4	第3	第2	第1	第4	第3	第2	第1
A.授课数量	0%	0%	14%	23%	36%	0%	17%	0%	62%	0%	13%	18%	38%	0%	20%	18%	37%	14%	19%	40%
B.授课时长	20%	20%	11%	54%	16%	0%	17%	62%	25%	0%	13%	64%	12%	50%	13%	45%	22%	12%	56%	17%
C.授课评价	0%	0%	68%	14%	24%	0%	66%	38%	13%	0%	67%	12%	23%	0%	60%	27%	26%	68%	19%	22%
D.无内部评价	40%	40%	7%	6%	16%	0%	0%	0%	0%	50%	7%	6%	15%	50%	7%	5%	11%	6%	4%	14%
E.其他	40%	40%	0%	3%	8%	0%	0%	0%	0%	50%	0%	0%	12%	0%	0%	5%	4%	0%	2%	7%

图 3 –69　内部讲师考核指标情况

3.9.3.3　薪酬回报

从行业总体来说，44.05% 的公司对内部讲师提供薪酬回报，55.95% 的公司未对内部讲师设置额外的薪酬回报；从险种上看，财产险公司相较于人身险公司更乐意对内部讲师提供额外薪酬回报；从规模上看，大型公司对内部讲师提供薪酬回报的占比更高。对内部讲师提供薪酬回报的公司数量占比情况详见图 3 –70。

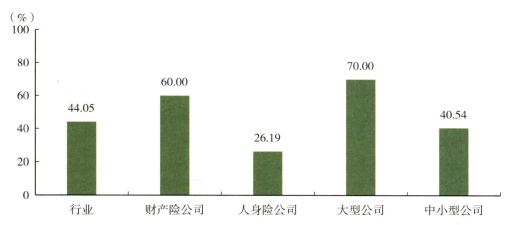

图 3 – 70　对内部讲师提供薪酬回报的公司数量占比情况

3.9.4　课程体系

3.9.4.1　培训对象

从行业总体来看，参与调研保险公司课程体系所面向的被培训群体排名前三位的依次是：中层管理者、新进员工以及基层管理者；对比不同险种公司，人身险公司对核心层管理者和中层管理者的课程体系的投入远高于财产险公司；对比不同规模公司，大型公司在销售序列课程体系的投入高于中小型公司。课程体系服务对象详见图 3 – 71。

3.9.4.2　课程体系设置

从行业总体看，线下培训预算大于 75% 的公司占比最高，线上培训预算小于 10% 的公司占比最高；对比不同险种公司，财产险公司线上培训预算小于 10% 的占比低于人身险公司，并且线下培训预算大于 75% 的占比也低于人身险公司；对比不同规模公司，大型公司线上培训预算小于 10% 的占比高于中小型公司，中小型公司线下预算大于 75% 的占比远高于大型公司。课程体系预算占比详见图 3 – 72。

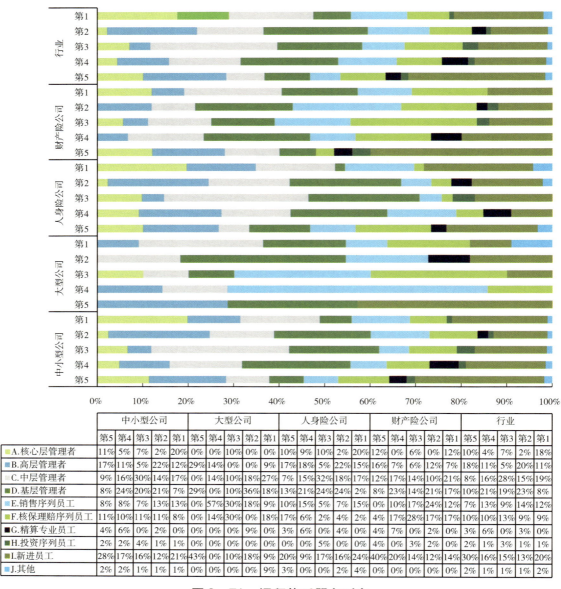

	中小型公司					大型公司					人身险公司					财产险公司					行业				
	第5	第4	第3	第2	第1	第5	第4	第3	第2	第1	第5	第4	第3	第2	第1	第5	第4	第3	第2	第1	第5	第4	第3	第2	第1
A.核心层管理者	11%	5%	7%	2%	20%	0%	0%	10%	0%	0%	10%	9%	10%	2%	20%	12%	0%	6%	0%	12%	10%	4%	7%	2%	18%
B.高层管理者	17%	11%	5%	22%	12%	29%	14%	0%	0%	9%	17%	18%	5%	22%	15%	16%	7%	6%	12%	7%	18%	11%	5%	20%	11%
C.中层管理者	9%	16%	30%	14%	17%	0%	14%	10%	18%	27%	7%	15%	32%	18%	17%	12%	17%	14%	10%	21%	8%	16%	28%	15%	19%
D.基层管理者	8%	24%	20%	21%	7%	29%	0%	10%	36%	18%	13%	21%	24%	24%	2%	8%	23%	14%	21%	17%	10%	21%	19%	23%	8%
E.销售序列员工	8%	8%	7%	13%	13%	0%	57%	30%	18%	9%	10%	15%	5%	7%	15%	0%	10%	17%	24%	12%	7%	13%	9%	14%	12%
F.核保理赔序列员工	11%	10%	11%	11%	8%	0%	14%	30%	0%	18%	17%	6%	2%	4%	2%	4%	17%	28%	17%	17%	10%	10%	13%	9%	9%
G.精算专业员工	4%	6%	0%	2%	0%	0%	0%	0%	9%	0%	3%	6%	0%	4%	0%	4%	7%	0%	2%	0%	3%	6%	0%	3%	0%
H.投资序列员工	2%	2%	4%	1%	1%	0%	0%	0%	0%	0%	0%	0%	0%	5%	0%	4%	0%	3%	0%	0%	2%	1%	3%	1%	1%
I.新进员工	28%	17%	16%	12%	21%	43%	0%	10%	18%	9%	20%	9%	17%	16%	24%	40%	20%	14%	12%	14%	30%	16%	15%	13%	20%
J.其他	2%	2%	1%	1%	1%	0%	0%	0%	0%	9%	3%	0%	0%	2%	4%	0%	0%	0%	0%	0%	2%	1%	1%	1%	2%

图 3−71　课程体系服务对象

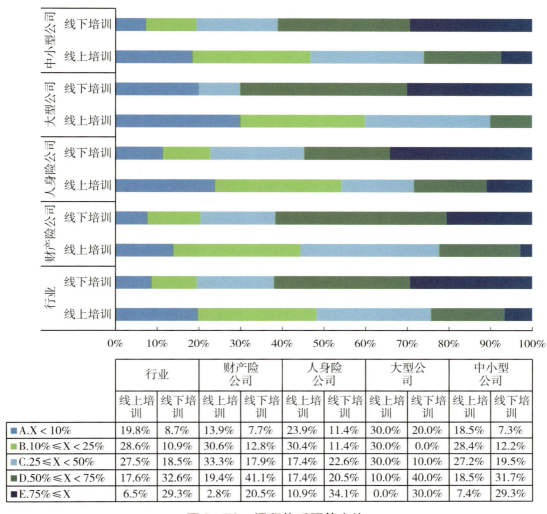

	行业		财产险公司		人身险公司		大型公司		中小型公司	
	线上培训	线下培训	线上培训	线下培训	线上培训	线下培训	线上培训	线下培训	线上培训	线下培训
■A.X < 10%	19.8%	8.7%	13.9%	7.7%	23.9%	11.4%	30.0%	20.0%	18.5%	7.3%
■B.10% ≤ X < 25%	28.6%	10.9%	30.6%	12.8%	30.4%	11.4%	30.0%	0.0%	28.4%	12.2%
■C.25 ≤ X < 50%	27.5%	18.5%	33.3%	17.9%	17.4%	22.6%	30.0%	10.0%	27.2%	19.5%
■D.50% ≤ X < 75%	17.6%	32.6%	19.4%	41.1%	17.4%	20.5%	10.0%	40.0%	18.5%	31.7%
■E.75% ≤ X	6.5%	29.3%	2.8%	20.5%	10.9%	34.1%	0.0%	30.0%	7.4%	29.3%

图 3-72　课程体系预算占比

相关调研数据显示，在课程体系的建设方式方面，从行业总体来看，自建课程体系的占比为 65.3%、外部购买课程的占比为 26.5%、员工自行参加外部课程的占比为 3.1%、其他的占比为 5.1%；财产险公司按照上述顺序依次为：66.7%、26.2%、4.8%、2.4%；人身险公司按照上述顺序依次为：66.0%、25.5%、2.1%、6.4%；大型公司按照上述顺序依次为 100.0%、0.0%、0.0%、0.0%；中小型公司按照上述顺序依次为：60.9%、29.9%、3.4%、5.7%。

3.9.4.3　培训效果评估方式

在衡量培训效果方面，从行业总体来看，参与调研保险公司的主要方式是"培训员工问卷调查和访谈"，占比为 44.9%，其次是"课程设置专业考试并通过"，占比为 40.8%，约 5.1% 左右公司表示也可以通过"培训前后人员产能"来评估培训效果。培训效果评估方式详见表 3-37。

表 3-37　　　　　　　　　　培训效果评估方式　　　　　　　　　单位：%

效果指标	行业总体	财产险公司	人身险公司	大型公司	中小型公司
培训前后人员产能	5.1	4.8	6.4	9.1	4.6
培训前后绩效考核分数	3.1	2.4	4.3	0.0	3.4
课程设置专业考试并通过	40.8	54.8	31.8	54.5	39.1
培训员工问卷调查和访谈	44.9	33.2	53.2	36.4	46.0
其他	6.1	4.8	4.3	0.0	6.9

在培训满意度方面，从行业总体来看，非常满意的占比为 33.0%、一般满意的占比为 50.0%、评价不一的占比为 10.0%、不太理想的占比为 5.0%、其他的占比为 2.0%。培训满意度情况详见表 3-38。

表 3-38　　　　　　　　　　培训满意度情况　　　　　　　　　　单位：%

内部满意度	行业总体	财产险公司	人身险公司	大型公司	中小型公司
非常满意	33.0	30.2	34.0	18.2	34.8
一般满意	50.0	53.5	46.8	54.5	49.4
评价不一	10.0	9.3	12.8	9.1	10.2
不太理想	5.0	7.0	4.3	9.1	4.5
其他	2.0	0.0	2.1	9.1	1.1

从行业总体来看，参与调研保险公司对中国保险网大学相关资讯及课程均有相对广泛的了解；不同险种、不同规模公司与行业总体基本保持一致。中国保险网络大学相关资讯及课程详见图 3-73。

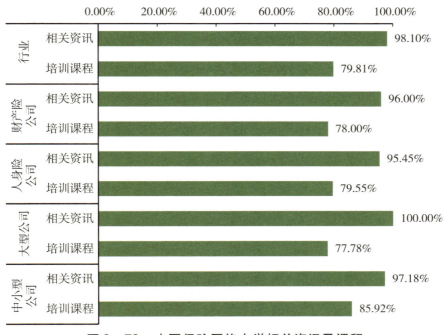

图 3 – 73　中国保险网络大学相关资讯及课程

3.9.4.4　培训面临的挑战

保险公司普遍认为培训所面临的最大的挑战是"培训效果难以衡量和转化"，"内部培训课程体系建设仍不完善难以达到实际需求"次之，"培训成本有限难以保证数量和质量"再次之；不同险种、不同规模公司与行业基本保持一致。

第 3.10 节　保险行业企业文化管理

2021 年，保险行业从业者调研共计回收 212526 份有效问卷，参与调研的人数保持稳定。本节主要根据从业者问卷分析保险行业人才吸引与保留情况、从业者价值观认同情况、从业者敬业度情况等，通过组织类别、机构层级、合同类型、行业工作年限、年龄结构、学历结构等多维度的分析说明保险行业企业文化管理现状。

3.10.1　人才吸引与保留情况

3.10.1.1　人才吸引与保留整体情况

相关调研数据显示，对于"保险行业对我非常有吸引力"，参与调研的从业者选择完全同意的人占比 40.2%，选择同意的人占比 34.1%，选择基本同意的人占比 20.8%，选择略不同意的人占比 3%，选择不同意的人占比 1.3%，选择完全不同意的人占比 0.6%。

对于"即使离开公司，我仍然会长期留在保险行业"，参与调研的从业者选择完全同意的人占比 31.8%，选择同意的人占比 28.7%，选择基本同意的人占比 22%，选择略不同意的人占比 8.9%，选择不同意的人占比 6.2%，选择完全不同意的人占比 2.4%。

3.10.1.2　分机构类别人才吸引与保留

对于"保险行业对我非常有吸引力"，从机构类别来看，认同度最高的是相互保险公司，认同度偏低的是再保险公司、保险资管公司和财产向及责任险公司。从过去三年的情况看 2018 年保险资管公司上升为第一位，2019 年相互保险险公司成为第一位，2020 年相互保险公司保持第一。分机构类别行业人才吸引情况详见图 3 - 74。

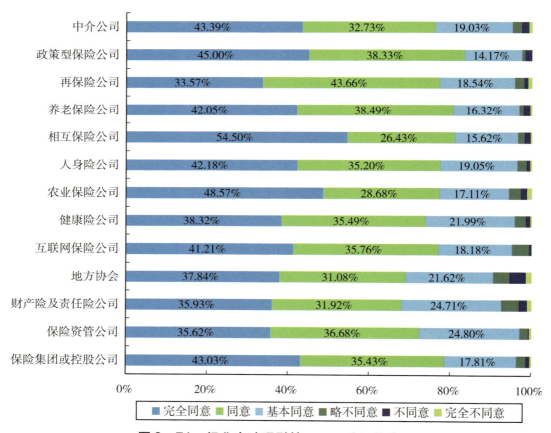

图 3 - 74　行业人才吸引情况——分机构类别

对于"即使离开公司，我仍然会长期留在保险行业"，从机构类别来看，认同度最高的是政策型保险公司的从业者，认同度偏低的是财产险及责任险公司和地方协会的从业者。从过去三年的情况看，不同机构类别公司从业者的认同度没有较大变化。分机构类别行业人才留存情况详见图 3 - 75。

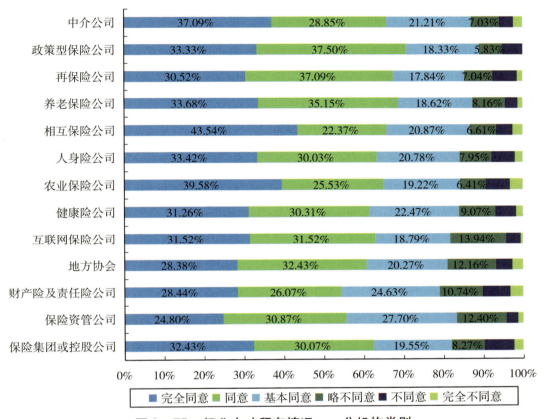

图 3 -75　行业人才留存情况——分机构类别

3.10.1.3　分机构层级人才吸引与保留

对于"保险行业对我非常有吸引力"，从不同层级机构来看，认同度最高的是四级机构从业者，认同度偏低的是一级机构和二级机构从业者。从过去三年的情况看，不同层级机构从业者的认同度排序没有变化。各层级机构行业人才吸引情况详见图 3 - 76。

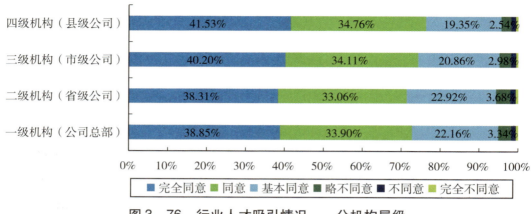

图 3-76　行业人才吸引情况——分机构层级

对于"即使离开公司，我仍然会长期留在保险行业"，从不同层级机构来看，认同度最高的是一级机构从业者，认同度偏低的是三、四级机构从业者。从过去三年的情况看，二级机构从业者的认同度排序升高。各层级机构行业人才留存情况详见图 3-77。

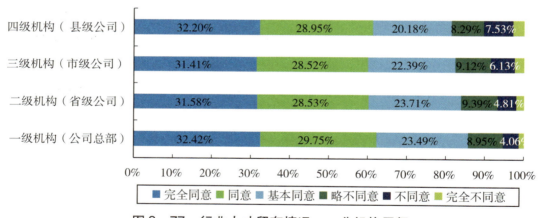

图 3-77　行业人才留存情况——分机构层级

3.10.1.4　分合同类型人才吸引与保留

对于"保险行业对我非常有吸引力"，从从业者合同类型来看，认同度最高的是签订销售代理合同的从业者，认同度偏低的是签订劳动合同的从业者。不同合同类型的行业人才吸引情况详见图 3-78。

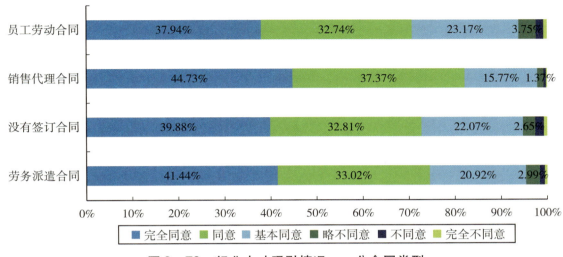

图 3 - 78　行业人才吸引情况——分合同类型

对于"即使离开公司，我仍然会长期留在保险行业"，从从业者合同类型来看，认同度最高的是签订销售代理合同的从业者；认同度偏低的是没有签订合同的从业者。不同合同类型的行业人才留存情况详见图 3 - 79。

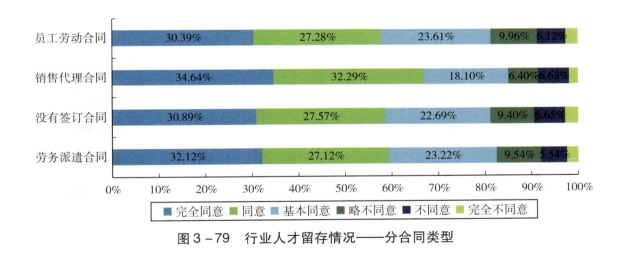

图 3 - 79　行业人才留存情况——分合同类型

3.10.1.5　分工作年限人才吸引与保留

对于"保险行业对我非常有吸引力"，从不同工作年限来看，认同度最高的是工作年限小于 1 年的从业者，认同度偏低的是工作年限超过 10 年的从业者。不同工作年限行业人才吸引情况详见图 3 - 80。

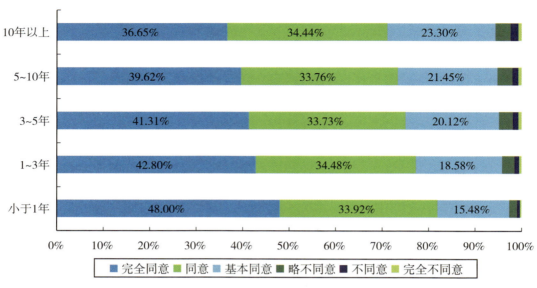

图 3-80　行业人才吸引情况——分工作年限

对于"即使离开公司，我仍然会长期留在保险行业"，从不同工作年限来看，认同度最高的为工作年限小于 1 年的从业者，认同度偏低的是工作年限超过 10 年的从业者。不同工作年限行业人才留存情况详见图 3-81。

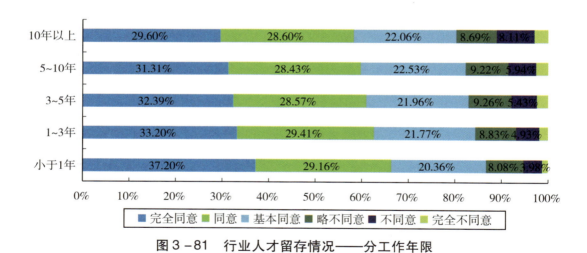

图 3-81　行业人才留存情况——分工作年限

3.10.1.6　分年龄段人才吸引与保留

对于"保险行业对我非常有吸引力"，从各年龄段来看，认同度最高的是 60

岁以上的从业者，认同度偏低的是 30 岁以下的从业者。从 2019 ～ 2021 年的情况看，不同年龄段从业者的认同度排序基本没有变化。各年龄段行业人才吸引情况详见图 3 – 82。

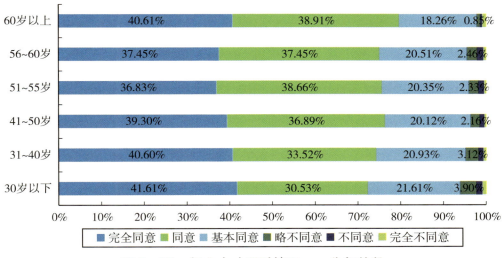

图 3 – 82　行业人才吸引情况——分年龄段

对于"即使离开公司，我仍然会长期留在保险行业"，从各年龄段来看，认同度最高的是 60 岁以上的从业者，认同度偏低的是 30 岁以下的从业者。从 2019 ～ 2021 年的情况看，不同年龄段从业者的认同度排序没有变化。各年龄段行业人才留存情况详见图 3 – 83。

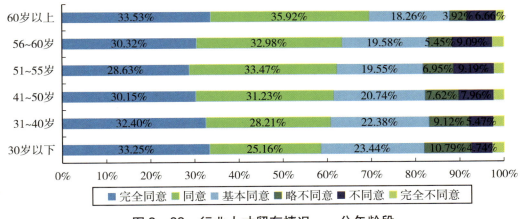

图 3 – 83　行业人才留存情况——分年龄段

3.10.1.7 分学历水平人才吸引与保留

对于"保险行业对我非常有吸引力",从不同学历来看,认同度最高的是高中学历的从业者,认同度偏低的是硕士研究生学历的从业者。不同学历行业人才吸引情况详见图 3 − 84。

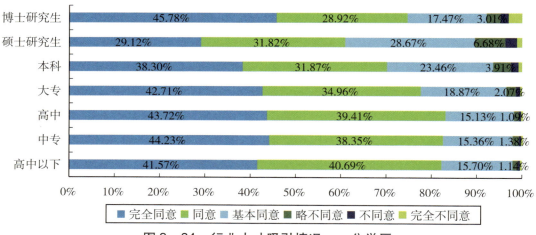

图 3 −84 行业人才吸引情况——分学历

对于"即使离开公司,我仍然会长期留在保险行业",从不同学历来看,认同度最高的是高中及以下学历的从业者,认同度偏低的是硕士研究生学历的从业者。从过去三年的情况看,不同学历从业者的认同度排序没有变化。不同学历行业人才留存情况详见图 3 − 85。

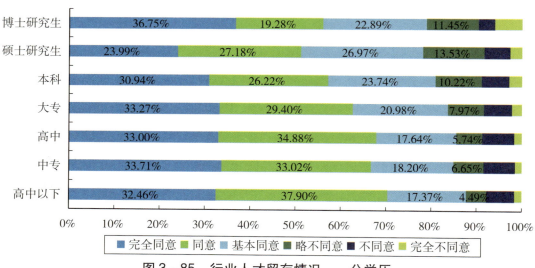

图 3 −85 行业人才留存情况——分学历

3.10.2 从业者价值观认同情况

3.10.2.1 价值观认同整体情况

价值观是企业文化管理的核心，价值观认同也是本次调研关注的从业者企业文化管理的关键议题。整体而言，超过50%参与调研的从业者反馈认同"以人为本""稳健发展""客户至上""追求卓越"的价值观。此类价值观的认同情况不仅体现了保险行业本身以防范风险为核心、以服务客户为途径的特点，同时也体现了保险行业进一步明确"保险姓保"定位以后公司企业文化管理的变化。2018年，保险公司企业文化价值，排名前三位的是"以人为本""客户至上"和"稳健发展"，2019年前三位变为"稳健发展""客户至上""和谐"；2020年前三名为"以人为本""稳健发展""客户至上"。从业者价值观认同情况详见图3-86。

图 3 -86 参与调研的从业者价值观认同情况

3.10.2.2　分机构类别价值观认同

不同类别机构的从业者普遍对"以人为本""客户至上""稳健发展""追求卓越"和"诚信"等企业价值观认同度最高，但是由于从业者所在机构类别不同，具体排序有一定差异。

保险集团或控股公司、财产险及责任险公司、地方协会、互联网保险公司、健康险公司、农业保险公司、人身险公司、养老保险公司、政策型保险公司的从业者对于"以人为本"认同度最高，再保险公司、中介公司的从业者认同度最高的是"客户至上"，保险资管公司的从业者对于"追求卓越"的认同度最高。分机构类别的从业者价值观认同情况详见表 3 – 39。

表 3 – 39　　　　　　从业者价值观认同情况——分机构类别

机构类别	第一		第二		第三		第四		第五	
	价值观	%	价值观	%	价值观	%	价值观	%	价值观	%
保险集团或控股公司	以人为本	65.23	客户至上	63.21	稳健发展	60.02	追求卓越	53.57	诚信	31.98
保险资管公司	追求卓越	58.68	稳健发展	55.26	客户至上	49.47	以人为本	49.47	诚信	34.74
财产险及责任险公司	以人为本	59.30	稳健发展	55.99	追求卓越	54.06	客户至上	53.67	责任	28.04
地方协会	以人为本	62.67	稳健发展	50.67	客户至上	48.00	诚信	37.33	责任	34.67
互联网保险公司	以人为本	68.07	追求卓越	59.03	稳健发展	56.02	客户至上	54.22	和谐	31.32
健康险公司	以人为本	66.26	稳健发展	58.21	客户至上	52.97	追求卓越	50.34	和谐	30.23
农业保险公司	以人为本	63.80	稳健发展	61.32	客户至上	49.00	追求卓越	47.18	和谐	30.66
人身险公司	以人为本	65.27	稳健发展	63.48	客户至上	60.75	追求卓越	51.64	诚信	30.35
相互保险公司	稳健发展	65.67	以人为本	58.77	客户至上	51.27	追求卓越	45.88	和谐	30.29
养老保险公司	以人为本	66.80	稳健发展	63.67	追求卓越	58.87	客户至上	55.74	和谐	35.07
再保险公司	客户至上	68.62	以人为本	64.87	稳健发展	58.08	追求卓越	43.56	诚信	41.22
政策型保险公司	以人为本	71.90	客户至上	64.46	稳健发展	61.98	追求卓越	47.11	诚信	35.54
中介公司	客户至上	55.55	以人为本	54.84	稳健发展	49.03	追求卓越	42.74	和谐	29.30

3.10.2.3 分机构层级价值观认同

各层级机构从业者认同度最高的是"以人为本"和"稳健发展"。从过去三年的情况看，各层级机构从业者的价值观认同情况略有变化。公司总部层面，2018年与2019年"以人为本"为第一位，二级机构排名第一的价值观均从"以人为本"变为"稳健发展"。分机构层级的从业者价值观认同情况详见表3-40。

表3-40 从业者价值观认同情况——分公司层级

公司层级	第一		第二		第三		第四		第五	
	价值观	%	价值观	%	价值观	%	价值观	%	价值观	%
一级机构（公司总部）	稳健发展	56.79	客户至上	52.86	以人为本	55.10	追求卓越	47.38	创新变革	28.32
二级机构（省级公司）	稳健发展	56.28	追求卓越	54.77	以人为本	54.12	客户至上	52.91	创新变革	30.79
三级机构（市级公司）	以人为本	63.45	稳健发展	61.82	客户至上	58.21	追求卓越	53.35	责任	27.58
四级机构（县级公司）	以人为本	69.64	客户至上	62.66	稳健发展	62.40	追求卓越	50.99	责任	31.50

3.10.2.4 分合同类型价值观认同

不同类型合同的从业者价值观认同度最高的均为"以人为本"，签订销售代理合同和没有签订合同的从业者认同度第二位的是"客户至上"，签订员工劳动合同和劳务派遣合同的从业者认同度第二位的是"稳健发展"。分合同类型的从业者价值观认同情况详见表3-41。

表3-41 从业者价值观认同情况——分合同类型

合同类型	第一		第二		第三		第四		第五	
	价值观	%	价值观	%	价值观	%	价值观	%	价值观	%
员工劳动合同	以人为本	58.85	稳健发展	58.72	客户至上	54.48	追求卓越	52.96	责任	27.55
销售代理合同	以人为本	71.44	客户至上	67.71	稳健发展	65.36	追求卓越	50.84	诚信	39.35

续表

合同类型	第一		第二		第三		第四		第五	
	价值观	%	价值观	%	价值观	%	价值观	%	价值观	%
劳务派遣合同	以人为本	67.65	稳健发展	59.24	追求卓越	55.34	客户至上	54.42	和谐	33.05
没有签订合同	以人为本	66.79	客户至上	58.49	稳健发展	54.39	追求卓越	47.22	诚信	32.75

3.10.2.5 分工作年限价值观认同

不同工作年限的从业者认同度最高的价值观有所差异，除工作年限 10 年以上的从业者外，认同度最高的是"以人为本"，工作年限在 10 年以上的从业者认同度最高的是"稳健发展"。从过去三年的情况看，不同工作年限从业者的价值观认中"客户至上"的认同度有所下降。分工作年限的从业者价值观认同情况详见表 3-42。

表 3-42   从业者价值观认同情况——分工作年限

工作年限	第一		第二		第三		第四		第五	
	价值观	%	价值观	%	价值观	%	价值观	%	价值观	%
小于 1 年	以人为本	70.90	稳健发展	56.90	客户至上	56.85	追求卓越	51.77	诚信	32.11
1~3 年	以人为本	68.02	稳健发展	59.02	客户至上	56.67	追求卓越	51.89	责任	28.78
3~5 年	以人为本	64.20	稳健发展	59.11	客户至上	57.44	追求卓越	52.09	责任	28.46
5~10 年	以人为本	60.82	稳健发展	60.00	客户至上	58.72	追求卓越	53.16	责任	28.22
10 年以上	稳健发展	63.78	以人为本	60.11	客户至上	59.90	追求卓越	52.62	责任	28.20

不同年龄段的从业者价值观认同度排序前三位的主要是"以人为本""稳健发展""客户至上"。从过去三年的情况看，不同年龄段的从业者价值观认同没有明显变化。分年龄段的从业者价值观认同情况详见表 3-43。

表 3-43   从业者价值观认同情况——分年龄段

年龄段	第一		第二		第三		第四		第五	
	价值观	%	价值观	%	价值观	%	价值观	%	价值观	%
60 岁以上	以人为本	79.88	客户至上	70.33	稳健发展	69.05	追求卓越	51.24	诚信	43.48
56~60 岁	以人为本	74.80	客户至上	70.04	稳健发展	67.29	追求卓越	52.23	诚信	38.99

续表

年龄段	第一		第二		第三		第四		第五	
	价值观	%	价值观	%	价值观	%	价值观	%	价值观	%
51~55 岁	以人为本	70.32	客户至上	70.39	稳健发展	67.66	追求卓越	51.45	诚信	37.07
41~50 岁	客户至上	66.37	稳健发展	65.69	以人为本	65.63	追求卓越	51.84	诚信	33.78
31~40 岁	以人为本	60.26	稳健发展	59.81	客户至上	56.28	追求卓越	52.80	责任担当	28.16
30 岁以下	以人为本	63.26	稳健发展	54.02	追求卓越	52.81	客户至上	49.05	和谐	27.47

3.10.2.6　分学历价值观认同

不同学历的从业者价值观认同度，以"以人为本"为主，硕士研究生学历从业者价值观认同度最高的是"稳健发展"，高中学历的从业者价值观认同度最高的是"客户至上"。分学历的从业者价值观认同情况详见表 3 – 44。

表 3 – 44　　　　　　　　从业者价值观认同情况——分学历

年龄段	第一		第二		第三		第四		第五	
	价值观	%	价值观	%	价值观	%	价值观	%	价值观	%
博士研究生	以人为本	56.89	追求卓越	53.29	稳健发展	50.90	客户至上	41.32	创新变革	30.54
硕士研究生	稳健发展	52.25	追求卓越	49.29	客户至上	46.54	以人为本	45.39	创新变革	34.44
本科	以人为本	58.33	稳健发展	58.02	追求卓越	53.72	客户至上	52.61	创新变革	27.81
大专	以人为本	68.61	稳健发展	64.38	客户至上	61.85	追求卓越	52.72	诚信	30.75
中专	以人为本	71.70	客户至上	68.77	稳健发展	64.00	追求卓越	50.02	诚信	40.03
高中	客户至上	71.88	以人为本	71.25	稳健发展	64.66	追求卓越	50.23	诚信	43.08
高中以下	以人为本	74.12	客户至上	71.13	稳健发展	60.64	追求卓越	44.45	诚信	44.44

3.10.3　从业者敬业度情况

3.10.3.1　敬业度整体得分情况

从业者敬业度通过"思想""态度"和"行为"三方面来评价：思想体现为从业者对于公司整体价值观理念、战略目标的认可度；态度体现为从业者的留任意愿；行为体现为对工作的干劲、热情以及工作职责外对公司的投入程度。敬业度情况通过自陈式问卷调查获得，问卷中通过若干问题对敬业度情况进行评估，每个问题设六个选项"完全同意、同意、基本同意、略不同意、不同意、完全不同意"，六个选项对应分值依次为 6 分到 1 分，所有敬业度相关问题的平均分不低于 4.50 分则视为是"敬业的员工"，4.50 分为敬业标准。

根据从业者问卷调研，保险行业从业者整体敬业度得分为 5.20 分，高于敬业标准 4.50 分。从敬业度的三个维度来看，得分最高的是思想敬业度，其次是行为敬业度，得分最低的是态度敬业度。保险行业从业者敬业度得分详见图 3 – 87。

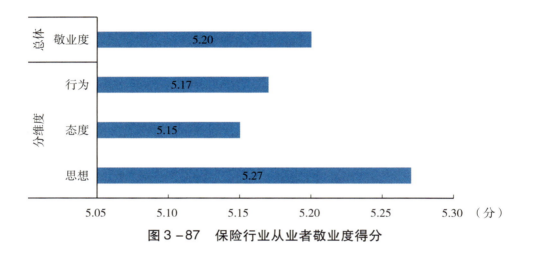

图 3 – 87　保险行业从业者敬业度得分

影响从业者敬业度表现高低的是三大驱动力：环境驱动力、群体驱动力和个人驱动力。环境驱动力表现为个人受到的工作场所和企业的影响，包括企业高管领导力、整体机制流程、企业风格等；群体驱动力表现为个人与工作场所相关的各方的互动关系，包括与直接上级、同事团队以及内部沟通互动的情况；个人驱动力表现为获得的物质回报、职业回报与个人能力成长、完成工作的条件满足情况。驱动力计分方式同敬业度，驱动力优秀的标准为 4.50 分。

根据从业者问卷调研，保险行业总体驱动力得分 5.10 分，高于驱动力优秀标准 4.50 分。从三大驱动力维度来看，得分最高的是群体驱动力，其次是环境驱动力，得分最低的是个人驱动力。保险行业从业者驱动力得分详见图 3 – 88。

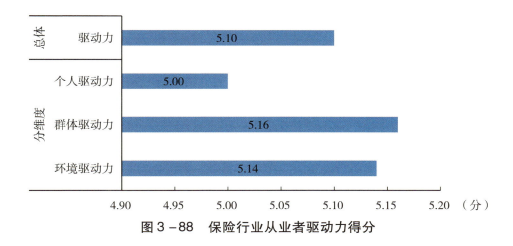

图 3 − 88　保险行业从业者驱动力得分

3.10.3.2　敬业度分条线得分情况

2021 年回收的 212526 份有效从业者问卷中，107060 份来自保险营销员条线（含代理人），另外 105466 份来自非销售从业者。从敬业度来看，销售条线从业者敬业度整体得分 5.25 分，非销售条线从业者敬业度整体得分 5.14 分。从敬业度三个维度来看，态度敬业度得分销售条线从业者高于非销售条线从业者 0.15 分，思想敬业度得分销售条线从业者高于非销售条线从业者 0.06 分，行为敬业度得分销售条线从业者高于非销售条线从业者 0.1 分。各条线从业者敬业度得分详见图 3 − 89。

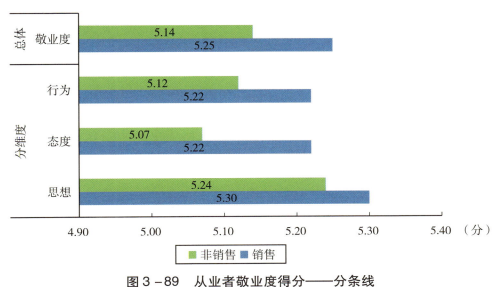

图 3 − 89　从业者敬业度得分——分条线

从驱动力来看，销售条线从业者整体驱动力得分 5.16 分，非销售条线从业者整体驱动力得分 5.03 分。从三大驱动力维度来看，个人驱动力得分销售条线从业者高于非销售条线从业者 0.20 分；群体驱动力得分销售条线从业者高于非销售条线从业者 0.11 分；环境驱动力得分销售条线从业者高于非销售条线从业者 0.09 分。各条线从业者驱动力得分详见图 3－90。

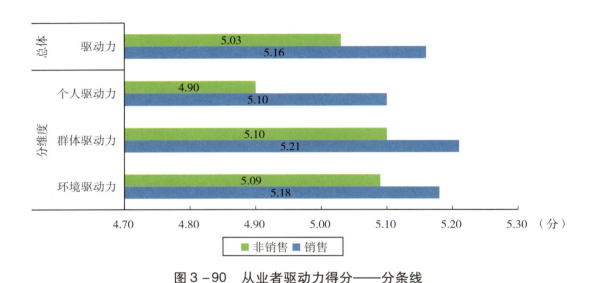

图 3－90　从业者驱动力得分——分条线

以敬业度得分 4.50 分及以上的人员作为敬业从业者，计算不同条线中敬业从业者占全部参与调研从业者的比例。销售条线的敬业从业者占比为 85.4%，比非销售条线的敬业从业者占比高 5.09 个百分点；从敬业度三个维度来看，行为敬业从业者占比，销售条线比非销售条线占比高 4.45 个百分点。思想敬业从业者占比，销售条线比非销售条线占比高 3.75 个百分点；态度敬业从业者占比，销售条线比非销售条线占比高约 6.12 个百分点；各条线敬业从业者比例详见图 3－91。

以驱动力得分 4.50 分及以上人员为高驱动力从业者，计算不同条线中高驱动力从业者占全部参与调研从业者的比例。销售条线高驱动力从业者占比为 80.97%，比非销售条线的高驱动力从业者高 6.81 个百分点。从三大驱动力维度来看，个人驱动高分从业者占比，销售条线比非销售条线高 9.27 个百分点；群体驱动高分从业者占比，销售条线比非销售条线高 4.95 个百分点；环境驱动高分从业者占比，销售条线比非销售条线高 4.64 个百分点。各条线高驱动力从业者比例详见图 3 – 92。

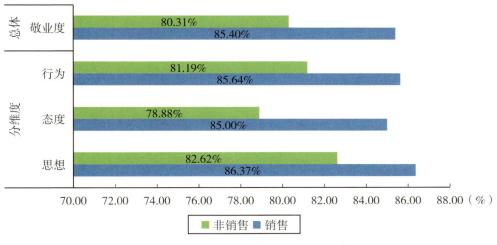

图 3 – 91 敬业从业者比例——分条线

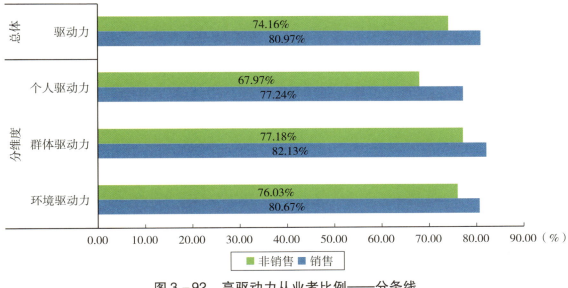

图 3 – 92 高驱动力从业者比例——分条线

3.10.4 案例：美亚财险"多元文化团队"

"以人为本"是美亚财产保险有限公司经营管理中的一项重要理念。人力资源部根据公司的愿景、使命、价值和战略，面向当下和未来制定了"以人为本"的规划蓝图，将重要项目和主要任务按阶段分步骤地整合在一起，注重于培养人才，提高组织在变化中的灵活性，以及提供优质的人力资源服务。

多元文化团队是美亚财险支持员工自发创建的团队，旨在依托公司使命、价值观、业务和目标构建多元包容的工作环境，通常围绕一个多元性的主题创建而成。目前，美亚财险已成立的多元文化团队包括：以职业女性为主体的木兰社和以年轻员工为主体的青年社。木兰社，主要由女性员工组成，致力于营造一个让每位员工都感到受尊重的环境，牵头开展过"多样化月""如何发现和克服无意识偏见""微笑绽放评选"等活动。青年社，是一个致力于发展、协调和巩固青年员工在公司的各种机会和资源中加速实现个人专业成长的组织，公司欢迎所有年轻人和致力于推动给年轻人在公司发展的员工加入青年社。此外，木兰社和青年社还曾联合推出了"美亚保险导师项目"，鼓励大家提出不同观点，促使公司不断向前进步。

多样性、包容性、公平和归属感是美亚财险推崇的企业文化。美亚财险致力于打造跨越种族、年龄、性别、国籍、宗教背景、信仰等多元化的全球团队，尊重并重视不同的思维、观念和想法。在与同事和客户的互动中支持员工展现真实的自我，帮助每位员工发掘自身潜力，与公司共同成长、成功。此外公司还鼓励大家互相倾听，以同理心支持回应对方，尊重他人，注重与他人合作，用行动说话，兑现承诺。在建设企业文化过程中，公司始终坚持一切以人为核心，尊重员工的价值，以员工为出发点，理解员工的需要，营造一个融洽、稳固的工作环境。在这种企业文化下，公司将能不断提升创新能力，降低人才流失，满足不同类型客户及市场的需求。

（案例来源：由编写组成员进行行业访谈后整理所得。）

3.10.5　AXA 安盛：致力于促进员工的终身学习

法国安盛集团（AXA）是全球最大保险集团，亦是全球第三大国际资产管理集团。安盛集团首家公司于 1816 年在法国成立，通过多项收购及合并活动，安盛已成为全球首屈一指的保险集团，业务网络覆盖全球五大洲逾 50 个国家及地区，全球职员及保险代理人约 11 万名。2021 年安盛集团名列福布斯全球企业 500 强榜第 46 位。

在一个充满挑战和不断变化的商业环境中，随着新的风险和竞争对手的出现，安盛致力于帮助员工获得新的知识和技能，以推动集团的发展，并成为他们学习曲线和个人职业发展的促进者。通过数字化和按需学习模式，安盛加速了提高集团员工技能的尝试。

2020 年面向所有员工的主要学习项目包括：

领英学习（Linkedin Learning）提供了 16000 个定制的现成内容模块，可在任何地点、任何时间、任何设备上使用。截至 2020 年底，安盛有 3.6 万名员工是领英学习的定期用户。

未来节是安盛集团第三届年度学习周，2021 年关注的重点是技术和数据，特别关注人工智能、数据、网络安全和云数据这几个模块。这是一个可以让所有级别的员工参与进来的机会，并引导他们理解技术和数据可以提供的挑战和机遇。全球有超过 19500 名员工参与了 Tech & Data 评估，超过 8000 名参与者参与了多个全球性的学习活动。

此外，安盛还推出了新颖的互动模式：安盛瑞士推出了对等学习（peer-to-peer learning）模式，在简短的 ted 风格的演讲中分享内部专业知识；安盛意大利还录制了一系列的播客视频，视频内容来自有影响力的各界人士、数字营销人员和学者，探讨员工的自我发展和人才成长以供员工观看学习。

（案例来源：安盛集团企业官网。）

第4章　中国保险行业人力资源现状分析（二）

第 4.1 节　保险行业营销员（含代理人）队伍情况

本节主要通过保险营销员（含代理人）的更迭流动、培训与职业发展建设、薪酬激励、人均效能等方面，全面展现保险行业营销员（含代理人）队伍现状。

4.1.1　保险营销员（含代理人）更迭与流动

相关调研数据显示，在营销员流动原因方面，54.3% 的营销员选择了"收入来源单一，收入水平偏低且不稳定"；51.3% 的营销员认为主要原因是"与保险公司关系不稳定，缺少归属感"；有 44.3% 的营销员选择了"缺少内勤员工的劳动保障如五险一金等"；35.9% 的营销员认为"社会地位低，名声较差，导致职业认同感低"是主要原因；其他选择有"职业发展前景不明，职业发展通道受阻""流动性不高""公司支持不够，无法获取业务"。保险营销员（含代理人）认为保险代理营销员流动率高的主要原因见图 4 - 1。

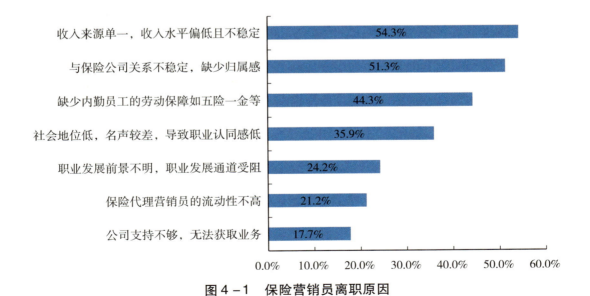

图 4 - 1　保险营销员离职原因

保险营销员（含代理人）对于当前工作在职时长的期望，49.0% 的从业者希望能从事目前这份工作 5 年以上，约 34.0% 的从业者希望从事目前这份工作至少 1～5 年。保险营销员（含代理人）愿意继续为公司工作的原因，超过 67.3% 的从业者认为是收入及福利水平，超过 52% 的从业者认为是职业发展规划，超过 33.4% 的从业者认为是企业文化及公司发展前景。

保险营销员（含代理人）销售过程中面临的困难，排序第一位的是"竞争激烈"，其次是"保险理念不被认同"，排序第三位的是"职业不被认同"。而在上年排序第三位的是"产品不被认同"。保险营销员（含代理人）面临的困难详见图 4-2。

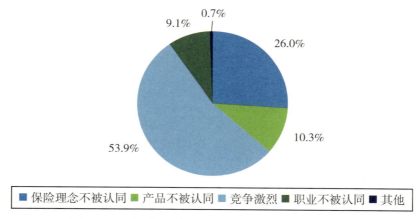

图 4-2　保险营销员（含代理人）面临的困难

4.1.2　保险营销员（含代理人）培训与职业发展

相关调研数据显示，从培训费用投入内容来看，营销员（含代理人）培训费用投入排序前三位的依次是保险专业知识、营销技巧、行为道德规范。

从培训内容来看，营销员（含代理人）培训内容排序前三位的依次是保险专业知识、营销技巧、基础金融知识。

从保险营销员（含代理人）月度培训时长来看，参与调研的保险营销员（含代理人）每月接受 8 小时以下培训的占比为 37.17%；每月接受 9～16 小时培训的占比为 32.17%；每月接受 17～40 小时培训的占比为 19.24%；每月接受 41 小时以上培训的占比为 11.43%。

从培训效果评价来看，认为培训"基本或完全可以满足我的工作需要"的占比超过91.00%。

4.1.3 保险营销员（含代理人）薪酬激励

从薪酬福利构成来看，保险营销员（含代理人）享有率最高的福利项目是社保、公积金，其中，社保享有率达52.4%，公积金享有率达45.0%。

从保险营销员（含代理人）对薪酬水平的评价来看，对目前的薪酬水平满意的占比为48.8%，对目前的薪酬水平比较不满意的占比为6.3%；对目前的薪酬水平非常不满意的占比为3.8%。

从行业总体来看，保险营销员（含代理人）人均年保费收入25分位值为8.6万元，50分位值为18.1万元，75分位值为36.6万元。对比2018年、2019年保险营销员（含代理人）人均年保费收入，75分位值上升明显。2018～2020年保险营销员（含代理人）人均年保费收入情况详见表4-1。

表4-1　　　2018～2020年保险营销员（含代理人）人均年保费收入　　　单位：万元

分位	2018年	2019年	2020年
25分位	4.0	9.4	8.6
50分位	8.0	18.0	18.1
75分位	17.3	31.2	36.6

对比不同险种公司，财产险公司人均年保费收入各分位值均高于人身险公司，75分位水平相近。各类型保险公司2020年人均年保费收入详见表4-2。

表4-2　　　　　　分险种保险公司2020年人均年保费收入　　　单位：万元

分位	财产险公司	人身险公司
25分位	15.6	3.1
50分位	28.6	12.2
75分位	38.9	33.3

保险营销员（含代理人）首年规模保费 25 分位值为 1.6 万元，50 分位值为 6.4 万元，75 分位值为 25.5 万元，相较 2019 年度，50 分位和 75 分位均有所上升。2018～2020 年保险公司人均首年规模保费详见表 4－3。

表 4－3 　　　　　　　　 2018～2020 年保险公司人均首年规模保费 　　　　　　　　单位：万元

分位	2018 年	2019 年	2020 年
25 分位	2.5	2.6	1.6
50 分位	4.5	5.3	6.4
75 分位	8.2	13.0	25.5

从险种对比上看，财产险公司人均首年规模保费在 50 分位与 75 分位高于人身险公司，在 25 分位低于人身险公司。详见表 4－4。

表 4－4 　　　　　　　　　　 2020 年保险公司人均首年规模保费 　　　　　　　　　单位：万元

分位	财产险公司	人身险公司
25 分位	0.4	3.2
50 分位	12.5	6.3
75 分位	30.6	12.3

4.1.4 保险营销员（含代理人）年人均保单

从行业总体来看，保险营销员（含代理人）年人均保单数量 25 分位值为 5，50 分位值为 30，75 分位值为 205。对比 2018 年、2019 年保险营销员（含代理人）年人均保单数量，50 分位值、75 分位值上升明显，25 分位值略有下降。其中，财产险公司保险营销员（含代理人）人均保单件数的 25、50、75 分位分别为：143、266、315 件；人身险为 4、7、16 件。2018～2020 年保险营销员（含代理人）人均保单数量详见表 4－5。

表4-5　　　　2018～2020年保险营销员（含代理人）年人均保单数量　　单位：件

分位	2018 年	2019 年	2020 年
25 分位	6	8	5
50 分位	14	21	30
75 分位	67	156	205

4.1.5　案例：友邦人寿人才吸引举措

1992 年，友邦率先将保险营销员制度带到中国，推动了中国现代保险业的第一次革新。但这一原本以精英模式被带入中国的销售制度，因行业的"粗放式"增长而转向低门槛的"人海战术"。

针对保险营销渠道的发展瓶颈，作为渠道引领者的友邦保险，在 2010 年开创性地推出卓越营销员策略以及营销员 2.0 方案，重新定义营销员渠道的成功标准，提出卓越营销员，即"职业化、专业化、标准化、信息化"，着力提升营销员的知识水平和业务技能；注重营销员品质：着力提升 VONB 和活动率，设立激励机制引导销售期交保障型产品；优增策略使营销员队伍精英化带来产能和收入提升。

在营销员 2.0 方案的成功基础上，友邦推出了营销员 3.0 方案，成为"健康长久好生活的推动者"。从销售驱动转向客户驱动，以客户体验作为衡量渠道品质的标准；铂金/钻石/精英三项专属人才计划，适应不同人才发展需求；专业的培训课程提供系统、实战的专业知识、营销策略、管理理念。

作为营销员制度在中国大陆保险市场的开拓者，友邦不忘初心，继续加大对卓越人才的投入，以卓越人才储备建设，为行业提供良性发展的范本，引领行业更好地实现品质和价值转型。

友邦人寿营销员体系核心价值为"以信为本，点燃希望，为爱奔跑"，同时通过优增系统、新人培育系统、主管培育系统、总监经营系统对新人进行全方位的支持和发展，同时通过科技平台进行赋能。公司通过 Agency 3.0 再塑卓越营销员新标准，不仅是以客户为中心的健康及财富管理伙伴，更是未来的"保险企业家"。

在营销员队伍发展方面，友邦坚持贯彻"卓越营销员渠道"的发展战略，打造高质量的营销员队伍。因此公司通过制定清晰的人才甄选标准和招募流程，加强对准增员的年龄、学历、收入等前期筛选。希望加入友邦的准新人都必须经过职业测评，且进行内外勤共三轮面试方可最终决定是否符合公司的优质营销员招募要求。这些潜在的营销员，还需要在上岗前进行一定课时的体验培训，并在培训后完成对应的保险基础知识、法律法规、产品销售等各项考试后方可与公司签订保险代理合同。在新人入司后，帮助新人养成良好的展业习惯，友邦通过对过往成功总监的广泛调研和深度分析，总结并概括出"353"（每天 3 访、每访 5 分钟增员吸引话术、提送 3 份 Agency 3.0 计划书）作为营销员成长之路的秘诀。公司从营销员队伍的源头就开始抓起，通过前期严格的筛选，确保招募的营销员本身素质是符合公司要求的，且签约前就开始相关的培训与教育，入司后养成良好的行为习惯，最终提高营销员留存率。

友邦在推行卓越营销员渠道策略的过程中，一方面，坚持推出符合市场和客户期待的新产品和新服务，另一方面，着重人员分层培养和定向推动，不断提升营销员的专业知识和技能，理解和匹配客户需求，形成营销员立足于市场的基础。同时，友邦非常关注和培养各级主管在团队经营和管理方面的能力提升，由团队发展带动人才留存。对新人单独开展特别支持，梳理新人发展流程，从快速出单、答疑解惑、客户积累及专属产品等方面着手，提升新人留存。为灵活应对市场变化，加强产能提升，通过转变销售理念，加强技能训练和客户经营，辅助配套激励，最终帮助营销员提升收入。

第 4.2 节　保险科技人员管理实践

本节主要通过保险科技人员的组织与职位体系、薪酬管理、绩效管理、核算模式等方面，展示保险科技人员管理实践情况。

4.2.1　组织与职位体系

4.2.1.1　人员结构

在性别结构方面，参与调研保险公司保险科技人员中男性占比 72%，不同险种、不同规模公司与行业总体基本一致，男性占比均在 70% ~ 75%。

在学历结构方面，保险科技人员在各专业序列中学历水平较高，参加调研保险公司中保险科技人员本科学历人员占比 61%，远高于行业整体的 51%。其中，财产险公司本科学历人员占比达73%，人身险公司为54%。

　　在年龄结构方面，保险科技人员在各专业序列中相对年轻，参加调研保险公司中保险科技人员35岁以下员工人数占比为83%，高于行业整体的67%。

　　保险科技人员结构情况详见表4-6。

表4-6　　　　　　　　保险科技人员性别、学历、年龄结构　　　　　　　单位：%

		行业总体	财产险公司	人身险公司	大型公司	中小型公司
性别结构	男	72	75	70	71	72
	女	28	25	30	29	28
学历结构	大专及以下	26	15	34	41	7
	本科	61	73	54	51	73
	硕士研究生及以上	13	12	12	8	20
年龄结构	25岁及以下	10	12	6	10	8
	26~35岁	73	56	71	68	61
	36~45岁	14	28	21	20	28
	46岁以上	3	4	2	2	3

4.2.1.2　组织形式

　　相关调研数据显示，从行业总体来看，保险科技职能在集团共享的占比为17%、公司集中共享的占比为71%、分公司集中共享的占比为2%、独立子公司协同的占比为10%。财产险公司按照上述顺序依次为：15%、76%、2%、7%；人身险公司按照上述顺序依次为：9%、79%、2%、10%；大型公司按照上述顺序依次为：0%、60%、10%、30%；中小型公司按照上述顺序依次为：19%、73%、1%、7%。

4.2.1.3　职位体系

　　从行业总体来看，29%的参与调研保险公司为保险科技人员建立了独立职位体系；财产险公司为37%，显著高于人身险公司19%。

4.2.1.4　职位层级

　　职位层级是指保险科技人员职业通道中的职位层级数量。职位层级体现公司对专业序列人员的角色定位、业绩贡献要求等，职位层级的数量通常根据专业人员成长速度的一般规律、公司对于员工职业成长的理念、各层级角色定位及能力要求等因素而确定。保险科技人员职位层级数量详见表4-7。

表4-7 保险科技人员职位层级数量排名 单位：个

	排行	行业总体	财产险公司	人身险公司	大型公司	中小型公司
层级排名	1	4	5	4	15	4
	2	5	7	6	16	5
	3	15	15	14	18	6

4.2.1.5 职位体系发展空间

从行业总体来看，保险科技人员职位层级发展上限能够达到相当于基层管理者层级的占比为4%、相当于中层管理者层级的占比为21%、相当于高层管理者层级的占比为59%、相当于核心层管理者层级的占比为16%；财产险公司按照上述顺序依次为：3%、23%、56%、18%；人身险公司按照上述顺序依次为：5%、24%、60%、11%。

4.2.2 薪酬管理

4.2.2.1 薪酬总额管控方式

从行业总体来看，参与调研保险公司对保险科技职能薪酬总额管控方式，预算制管理的占比为74%、准事业部核算制的占比为2%、管理者结合实际情况统筹决定的占比为22%、其他方式的占比为2%；财产险公司按照上述顺序依次为：71%、3%、26%、0%；人身险公司按照上述顺序依次为：75%、3%、20%、2%。

4.2.2.2 薪酬市场对标

在薪酬策略对标市场情况方面，从行业总体来看，保险科技以条线整体不分职能选择相同市场对标的占比为43%、保险科技职能分传统与创新职能分别开展市场对标的占比为8%、按照不同岗位选择不同市场对标的占比为43%、其他方式的占比为6%；财产险公司按照上述顺序依次为：42%、7%、45%、6%；人身险公司按照上述顺序依次为：44%、7%、42%、7%；大型公司按照上述顺序依次为：75%、0、25%、0；中小型公司按照上述顺序依次为：40%、8%、45%、7%。

在创新职能所选择的对标市场方面，从行业总体来看，88%的保险公司选择对标保险行业IT，63%的保险公司选择对标金融行业IT，54%的保险公司选择对标互联网行业IT，54%的保险公司选择对标金融科技IT，39%的保险公司选择对标全行业IT；对比不同险种，人身险公司选择对标全行业IT比例较小，仅为23%，低于财产险的50%。

在传统职能——开发所选择的对标市场方面，从行业总体来看，94%的保险公司选择对标保险行业IT，63%的保险公司选择对标金融行业IT，35%的保险公司选择对标互联网行业IT，44%的保险公司选择对标金融科技IT，37%的保险公司选择对标全行业IT。对比不同险种公司，平均41%的财产险公司对标互联网行业IT，高于人身险公司的29%。平均44%的财产险公司对标金融科技IT，高于人身险公司的31%。

在传统职能——运维所选择的对标市场方面，从行业总体来看，94%的保险公司选择对标保险行业IT，59%的保险公司选择对标金融行业IT，34%的保险公司选择对标互联网行业IT，38%的保险公司选择对标金融科技IT，38%的保险公司选择对标全行业IT。对比不同险种公司，平均44%的财产险公司对标互联网行业IT，高于人身险公司的21%。平均38%的财产险公司对标金融科技IT，高于人身险公司的23%。

各类型保险公司保险科技职能薪酬市场对标情况详见表4-8至表4-10。

表4-8　　　　　　　行业总体——保险科技职能对标市场情况　　　　单位：%

类型	保险行业IT	金融行业IT	互联网行业IT	金融科技IT	全行业IT
创新职能	88	63	54	54	39
传统职能——开发	94	63	35	44	37
传统职能——运维	94	59	34	38	38

表4-9　　　　　　　财产险公司保险科技职能对标市场情况　　　　单位：%

类型	保险行业IT	金融行业IT	互联网行业IT	金融科技IT	全行业IT
创新职能	85	61	50	53	50
传统职能——开发	97	59	41	44	40
传统职能——运维	97	59	44	38	40

表 4 – 10　　　　　　人身险公司——保险科技职能对标市场情况　　　　　　单位：%

类型	保险行业 IT	金融行业 IT	互联网行业 IT	金融科技 IT	全行业 IT
创新职能	91	60	50	47	23
传统职能——开发	94	63	29	31	31
传统职能——运维	94	53	21	23	33

4.2.2.3　薪酬结构

关于保险科技部门各层级的薪酬结构，在传统职能方面，从行业总体看，L1 级至 L6 级的"基本薪酬/（基本薪酬＋目标绩效薪酬）"占比依次为 75%、77%、76%、71%、64%、54%；"基本薪酬/（基本薪酬＋实际绩效薪酬）"的占比依次为 77%、77%、75%、71%、65%、58%。

在创新职能方面，从行业总体看，L1 级至 L6 级的"基本薪酬＋目标绩效薪酬"的占比依次为 79%、77%、77%、71%、65%、54%；"基本薪酬/（基本薪酬＋实际绩效薪酬）"的占比依次为 79%、77%、76%、71%、66%、58%。传统职能与创新职能薪酬结构详见表 4 – 11。

表 4 – 11　　　　保险科技——行业总体创新职能与传统职能薪酬结构　　　　单位：%

层级	传统职能		创新职能	
	基本薪酬/（基本薪酬＋目标绩效薪酬）	基本薪酬/（基本薪酬＋实际绩效薪酬）	基本薪酬/（基本薪酬＋目标绩效薪酬）	基本薪酬/（基本薪酬＋实际绩效薪酬）
L1	75	77	79	79
L2	77	77	77	77
L3	76	75	77	76
L4	71	71	71	71
L5	64	65	65	66
L6	54	58	54	58

4.2.3　绩效管理方式

从行业总体来看，关于保险科技为公司带来的效率和产能的衡量方式，以"科技提升客户体验帮助营业收入增速提升"的占比最多，为 70% ，在各险种间占比均为最多。以"科技替代人力帮助总员工人数减少"衡量效率和产能的占比为 5% 、以"科技替代人力帮助总员工人数的增速降低"衡量效率和产能的占比为 10% 、以"科技提高运营效率帮助员工加班时间减少"衡量效率和产能的占比为 6% 、认为"短期内对人力投入的影响不明显"的占比为 8% ，选择其他方式的占比为 1% ；财产险公司按照上述顺序依次为：65% 、5% 、11% 、3% 、16% 、0% ；人身险公司按照上述顺序依次为：75% 、3% 、12% 、5% 、2% 、3% 。

4.2.3.1　传统职能保险科技人员绩效考核方式

从行业总体来看，公司对于传统保险科技职能的主要绩效考核方式，排名前两位的分别为 KPI 考核与工作目标考核；对比不同险种公司，各险种使用 KPI 考核的公司占比均超过 50.0% ，财产险公司采用工作目标考核的占比 26.3% 显著高于人身险公司 12.5% ；对比不同规模公司，大型公司采用主管评分考核的占比为 25.0% ，高于中小型公司的 6.3% 。公司对传统保险科技职能的考核方式详见图 4 - 3 。

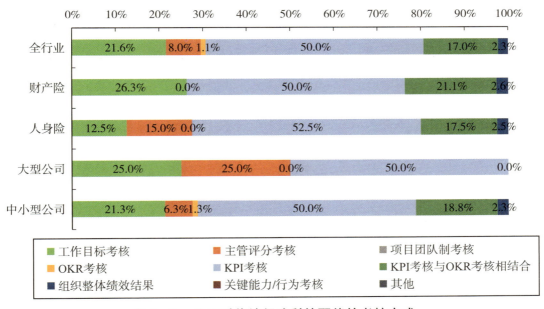

表 4 - 3　公司对传统保险科技职能的考核方式

4.2.3.2　创新职能保险科技人员绩效考核方式

从行业总体来看，对于创新保险科技职能的主要绩效考核方式，排名前两位的分别为 KPI 考核和工作目标考核；对比不同险种公司，各考核方式占比差异不大；对比不同规模公司，大型公司采用主管评分考核方式的占比为 25.0% 高于中小型公司的 6.8%。公司对创新保险科技职能的考核方式详见图 4－4。

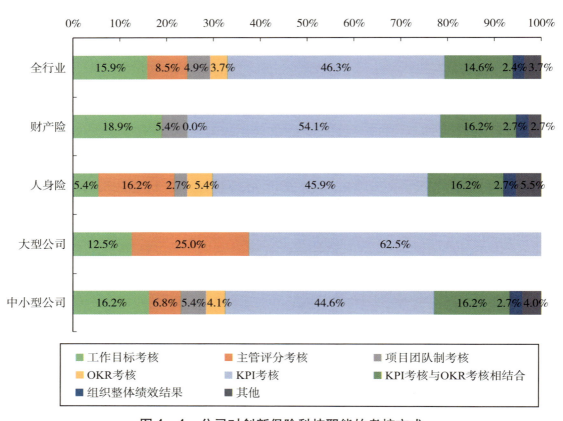

图 4－4　公司对创新保险科技职能的考核方式

4.2.4　保险科技部门核算模式

相关调研数据显示，在内部核算收费与记录方面，从行业总体来看，27.4% 的参与调研保险公司保险科技部门对其他部门进行内部核算收费与记录；不同险种、不同规模的公司与行业总体基本保持一致。

在外包费用计入人力成本总额方面，从行业总体来看，16.7% 的参与调研保险公司对保险科技部门的项目外包费用计入人力成本总额进行统一管控；不同险种公司与行业总体基本保持一致；对比不同规模公司，25%的大型公司对保险科技部门的项目外包费用计入人力成本总额进行统一管控，高于中小型公司的15.8%。

第4.3节 保险精算人员管理实践

本节主要通过保险精算人员的人员情况、薪酬管理、考试管理等方面，展示保险精算人员管理实践情况。

4.3.1 人员情况

4.3.1.1 精算师数量

从行业总体来看，平均每家保险公司有4.4名准精算师，4.3名正精算师。在P50分位值，准精算师与正精算师人数均为3名。在P75分位值，分别为4名、5名。行业总体精算师数量详见表4-12。

表4-12 精算师数量——行业总体 单位：名

类型	P25	P50	P75	平均值
准精算师人数	1.0	3.0	4.0	4.4
正精算师人数	1.0	3.0	5.0	4.3

从不同险种来看，人身险公司准精算师5.4名与正精算师数量6.3名均高于财产险公司，且正精算师数量高于准精算师数量。从公司规模来看，大型公司的准精算师与正精算师数量分别为14.5名、16.5名，明显高于中小型公司，中小型公司对应的数据为3.3名、3.1名。分险种精算师数量详见图4-5。

4.3.1.2 各职能人员数量

从行业总体来看，产品开发的精算人员平均数量为6.8名，略高于评估的精算人员6.3名。在P25分位值，产品开发人员为2名，低于评估人员3名，在P50分位值，产品开发人员数量为5名，高于评估人员4名，而在P75分位值，两种职能的精算人员平均数量一致，为8名（见表4-13）。

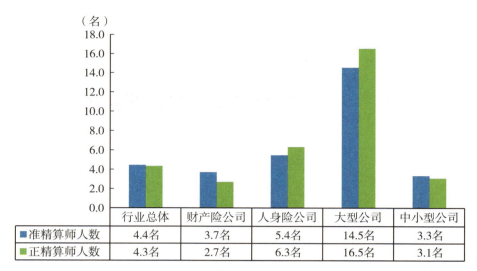

图 4 - 5　精算师数量——分险种

表 4 - 13　　　　　　　　　各职能精算人员数量　　　　　　　　单位：名

类型	P25	P50	P75	平均值
产品开发	2.0	5.0	8.0	6.8
评估	3.0	4.0	8.0	6.3

从不同险种来看，人身险公司产品开发人员数量 10.9 名与评估人员数量 9.0 名均高于财产险公司，财产险公司分别为 3.4 名、3.6 名。从公司规模来看，大型公司的产品开发人员数量与评估人员数量分别为 17.8 名、15.6 名，明显高于中小型公司，中小型公司分别为 5.7 名、5.3 名。不同险种类公司各职能精算人员数量详见图 4 - 6。

4.3.1.3　IFRS17 人员数量

从行业总体来看，有 28.4% 的保险公司目前有计划为 IFRS17 进行专职人员投入，71.6% 的保险公司目前还没有计划对 IFRS17 进行专职人员投入。各险种比例基本一致。从公司规模来看，大型公司有计划专职 IFRS17 人员投入的比例达 71.4%，远超中小型公司 24.3%。

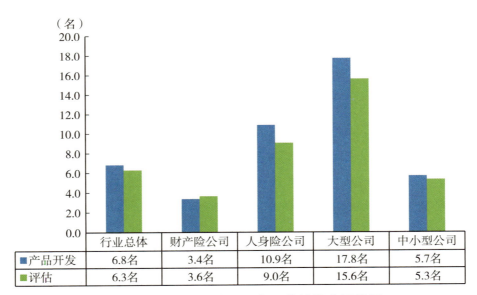

图4-6　不同险种类公司各职能精算人员数量

在预计投入人数方面，77.3%的公司计划在财务方面投入0~5人，其次为5~
10人，占比13.6%。57.9%的公司计划在IT方面投入0~5人，其次为10~20人，
占比为15.8%，此外还有10.5%的公司计划投入50人以上。66.7%的公司计划在
精算方面投入0~5人，其次为10~20人，占比16.7%。45.5%的公司计划邀请咨
询公司方面投入0~5人，其次为5~10人，占比27.3%，此外还有18.2%的公司
计划投入20~50人。不同公司预计投入各类型人数详见表4-14。

表4-14　　　　　　　　　　不同公司预计投入各类型人数　　　　　　　　　　单位：%

类型	财务	IT	精算	咨询公司
0~5人	77.3	57.9	66.7	45.5
5~10人	13.6	10.5	12.5	27.3
10~20人	9.1	15.8	16.7	9.1
20~50人	0.0	5.3	4.1	18.1
50人以上	0.0	10.5	0.0	0.0

4.3.2　薪酬管理

4.3.2.1　薪酬设计

从行业总体来看，排名前三的做法分别为：对精算人员无特殊薪酬设计的公司占比 37.1% 、津贴部分特殊设计 20.2% 、基本工资 + 变动奖金 + 津贴均特殊设计 15.7% 。

从不同险种来看，财产险公司排名前三的为：无特殊薪酬设计 53.8% 、基本工资 + 变动奖金 + 津贴均特殊设计 15.4% 、津贴部分特殊设计 10.3% 。人身险公司排名前三的为：津贴部分特殊设计 26.2% 、无特殊薪酬设计 21.4% 、基本工资 + 津贴部分特殊设计 19.0% 。

从不同规模来看，大型公司排名前三的为：津贴部分特殊设计 57.1% ，无特殊薪酬设计与基本工资 + 变动奖金、基本工资 + 变动奖金 + 津贴三者并列 14.3% 。中小型公司排名前三的为：无特殊薪酬设计 39.0% 、津贴部分特殊设计 17.1% 、基本工资 + 变动奖金 + 津贴均特殊设计 15.9% 。各类型公司对精算人员的薪酬设计详见图 4 - 7 。

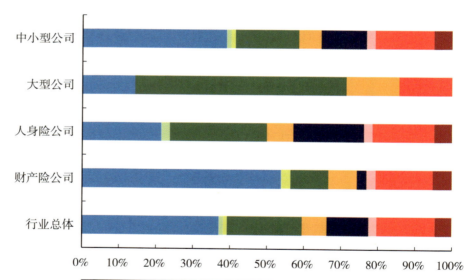

	行业总体	财产险公司	人身险公司	大型公司	中小型公司
无特殊薪酬设计	37.1%	53.8%	21.4%	14.3%	39.0%
基本工资部分	1.1%	0.0%	2.4%	0.0%	1.2%
变动奖金部分	1.1%	2.6%	0.0%	0.0%	1.2%
津贴部分	20.2%	10.3%	26.2%	57.1%	17.1%
基本工资+变动奖金部分	6.7%	7.7%	7.1%	14.3%	6.1%
基本工资+津贴部分	11.2%	2.6%	19.0%	0.0%	12.2%
变动奖金+津贴部分	2.2%	2.6%	2.4%	0.0%	2.4%
基本工资+变动奖金+津贴部分	15.7%	15.4%	16.7%	14.3%	15.9%
其他	4.7%	5.0%	4.8%	0.0%	4.9%

图 4 - 7 各类型公司对精算人员的薪酬设计

4.3.2.2 精算人员基本工资及绩效奖金同职级比较

从行业总体来看，精算人员的基本工资高出同职级中后台人员21%，精算人员的变动奖金高出同职级中后台人员15%，各险种与不同规模公司基本一致。精算人员基本工资及绩效奖金比较详见表4-15。

表4-15 精算人员基本工资及绩效奖金比较 单位：%

	行业总体	财产险公司	人身险公司	大型公司	中小型公司
基本工资，精算人员高出同职级中后台人员的比例	21	16	22	13	22
变动奖金，精算人员高出同职级中后台人员的比例	15	19	13	0	17

4.3.3 考试管理

4.3.3.1 考试津贴

从行业总体来看，57.5%的保险公司对精算人员提供考试通过津贴。不同险种差异较大，人身险公司提供考试通过津贴的占比81.6%，财产险公司仅为31.4%。从不同规模来看，大型公司提供考试通过津贴的占比83.3%，高于中小型公司（55.4%），不同种类公司精算人员考试津贴情况详见表4-16。

表4-16 不同种类公司精算人员考试津贴情况 单位：%

	行业	财产险公司	人身险公司	大型公司	中小型公司
有考试通过津贴	57.5	31.4	81.6	83.3	55.4
无考试通过津贴	42.5	68.6	18.4	16.7	44.6

从津贴的发放形式看，行业总体中45.6%的公司选择"每通过一门考试，按月发放一定额度津贴"，占比最高；35.3%的财产险公司选择了"通过阶段考试后，按月发放一定额度津贴"，占比最高。不同种类公司精算人员考试津贴策略详见图4-8。

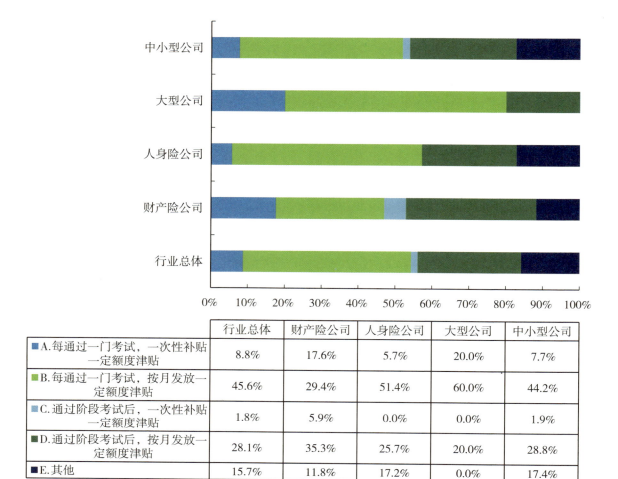

	行业总体	财产险公司	人身险公司	大型公司	中小型公司
■A.每通过一门考试，一次性补贴一定额度津贴	8.8%	17.6%	5.7%	20.0%	7.7%
■B.每通过一门考试，按月发放一定额度津贴	45.6%	29.4%	51.4%	60.0%	44.2%
■C.通过阶段考试后，一次性补贴一定额度津贴	1.8%	5.9%	0.0%	0.0%	1.9%
■D.通过阶段考试后，按月发放一定额度津贴	28.1%	35.3%	25.7%	20.0%	28.8%
■E.其他	15.7%	11.8%	17.2%	0.0%	17.4%

图 4-8　不同种类公司精算人员考试津贴发放形式

4.3.3.2　相关政策

关于提供精算考试报销，有 80.2% 的保险公司选择提供精算考试报销，并且有 77.2% 的公司提供带薪考试假期。而针对重考者的政策，提供精算考试报销的比例降至 55.8%，提供带薪考试假期比例降至 59.2%。不同种类公司精算人员考考试津贴相关政策详见图 4-9。

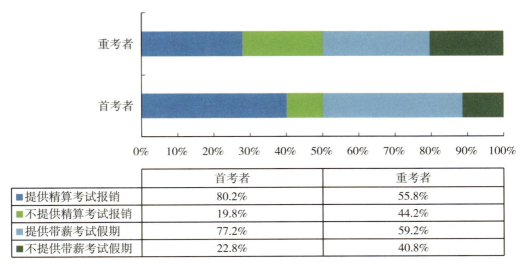

	首考者	重考者
■ 提供精算考试报销	80.2%	55.8%
■ 不提供精算考试报销	19.8%	44.2%
■ 提供带薪考试假期	77.2%	59.2%
■ 不提供带薪考试假期	22.8%	40.8%

图 4 - 9　不同种类公司精算人员考试津贴相关政策

第 4.4 节　高管人员管理实践

本节主要通过高管人员的组织管控、绩效考核、薪酬激励等方面，展示高管人员管理实践情况。

4.4.1　组织管控

4.4.1.1　人数与汇报层级

从高管人数上看，行业总体平均人数为 10.3 人，财产险与人身险公司平均人数与行业总体基本一致。在公司规模方面，大型公司为 14.2 人，中小型公司为 9.9 人。

从管理汇报层级上看，一把手到中层一般向下两级，为公司一把手、公司副职高管、公司部门层/分公司负责人。各险种、各规模保险公司基本一致。公司中层至公司一把手的管理汇报层级详见表 4 - 17。

表 4 –17 　　　　　　　　　公司中层至公司一把手的管理汇报层级　　　　　　　　单位：%

	行业总体	财产险公司	人身险公司	大型公司	中小型公司
一层	13.7	20.0	6.8	0.0	15.1
两层	79.5	71.1	88.6	88.9	78.5
三层	3.9	2.2	4.6	0.0	4.3
其他	2.9	6.7	0.0	11.1	2.1

在总公司部门层及以下管理汇报层级方面，50%左右的保险公司选择三层的汇报层级，汇报层级为：部门管理层 – 部门内设团队 – 普通员工。各险种保险公司占比基本一致。大型公司还可能有四层汇报层级，事业部/中心 – 部门管理层 – 部门内设团队 – 普通员工。各类型公司普通员工至公司中层的汇报层级详见图 4 –10。

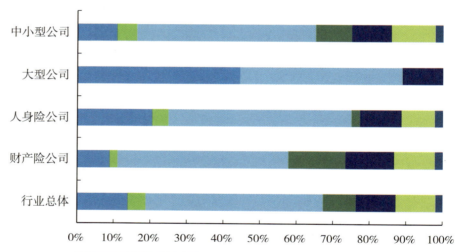

	行业总体	财产险公司	人身险公司	大型公司	中小型公司
■四层，事业部、中心—各部门—部门内设团队—普通员工	13.9%	8.9%	20.5%	44.4%	10.9%
■三层，事业部、中心—各部门—普通员工	5.0%	2.2%	4.5%	0.0%	5.4%
■三层，各部门—部门内设团队—普通员工	48.5%	46.7%	50.0%	44.4%	48.9%
■两层，各部门—普通员工	8.9%	15.6%	2.3%	0.0%	9.8%
■组合，部分为四层、部分为三层	10.9%	13.3%	11.4%	11.2%	10.9%
■组合，部分为三层、部分为两层	10.8%	11.1%	9.1%	0.0%	12.0%
■其他	2.0%	2.2%	2.2%	0.0%	2.1%

图 4 –10　各类型公司普通员工至公司中层的汇报层级

4.4.1.2　职务设置

在高管职务设置方面，行业总体上以三层为主，占比64.7%；20.4%的人身险公司、33.3%的大型公司设有四层高管职务，除了总经理、副总经理、总经理助理外，还设有资深副总经理/常务副总经理，体现高管在资历、贡献或者分管领域方面的差异。各类型公司高管职务设置详情见图4-11。

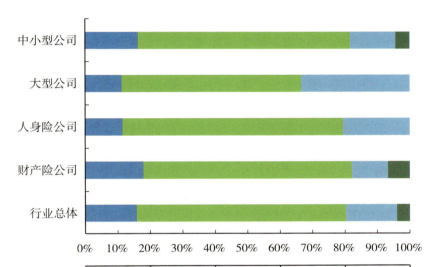

	行业总体	财产险公司	人身险公司	大型公司	中小型公司
■A.两层，总经理、副总经理	15.7%	17.8%	11.4%	11.1%	16.1%
■B.三层，总经理、副总经理、总经理助理	64.7%	64.4%	68.2%	55.6%	65.6%
■C.四层，总经理、资深副总经理/常务副总经理、副总经理、总经理助理	15.7%	11.1%	20.4%	33.3%	14.0%
■D.其他	3.9%	6.7%	0.0%	0.0%	4.3%

图4-11　各类型公司高管职务设置

4.4.1.3　分管职能

相关调研数据显示，在董事长层面，第一分管最多的三个职能条线为：保险业务28.6%、人力资源管理16.1%、董事会办公室12.5%。第二分管最多的三个职能条线为：子公司业务18.9%、稽核监察16.2%、人力资源管理10.8%。第三分管最多的三个职能条线为：分公司/区域业务、人力资源管理、董事会办公室三者并列，占比均为15.8%。

总经理层面，第一分管最多的三个职能条线为：保险业务54.2%、战略企划8.4%、财务管理6%。第二分管最多的三个职能条线为：分公司/区域业务

17.6% 、子公司业务 16.2% 、人力资源管理 14.9% 。第三分管最多的三个职能条线为：投资管理 11.9% 、人力资源管理 10.2% 、战略企划 10.2% 。

4.4.2 绩效考核

4.4.2.1 公司层面考核指标

从行业整体来看，各公司首选的考核指标中，排名前五位的：保费收入类（绝对值）29.1% 、净利润类（绝对值）26.7% 、ROE 类（绝对值）8.1% 、营运利润类（IFRS17 口径）7% 、营业收入类（绝对值）5.8% 。各公司第二选择的考核指标中，排名前五位的：净利润类（绝对值）22.1% 、保费收入类（绝对值）16.3% 、新业务价值（绝对值）（7.0%）、ROE 类（绝对值）7.0% 、营运利润类（IFRS17 口径）5.8% 。各公司第三选择的考核指标中，排名前五的位：投资收益率类（当年，绝对值）与净利润类（绝对值）并列 12.8% 、保费收入类（绝对值）11.6% 、新业务价值（绝对值）与监管风险综合评级（扣分）并列 5.8% 。公司层面考核指标详见图 4 - 12 。

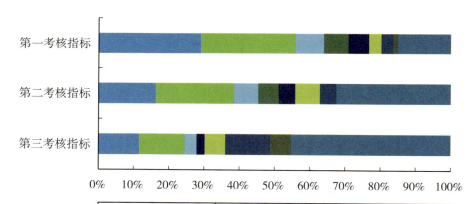

	第三考核指标	第二考核指标	第一考核指标
保费收入类（绝对值）	11.6%	16.3%	29.1%
净利润类（绝对值）	12.8%	22.1%	26.7%
ROE类（绝对值）	3.5%	7.0%	8.1%
营运利润类（IFRS17口径）	0.0%	5.8%	7.0%
营业收入类（绝对值）	2.3%	4.7%	5.8%
新业务价值（绝对值）	5.8%	7.0%	3.5%
投资收益率类（当年，绝对值）	12.8%	4.7%	3.5%
监管风险综合评级（扣分）	5.8%	0.0%	1.2%
其他	45.4%	32.4%	15.1%

图 4 - 12 公司层面考核指标

4.4.2.2　高管个人考核定量考核指标权重

高管个人的考核指标通常是定量指标和定性指标相结合，公司总经理定量指标权重比较分散，高权重"80%～90%"及低权重"20%～30%"均占比15.4%；业务高管定量指标权重为"80%～90%"的占比最多，为33.3%；分管战略企划、市场的高管定量权重为"80%～90%"的占比最多为20.9%，分管风险、合规的高管与分管精算的高管定量权重占比最多的为"20%～30%"，分管审计的高管定量权重占比最多的为"40%～50%"与"80%～90%"，分管信息技术与分管财务的高管定量权重占比最多的均为"80%～90%"，详见图4－13。

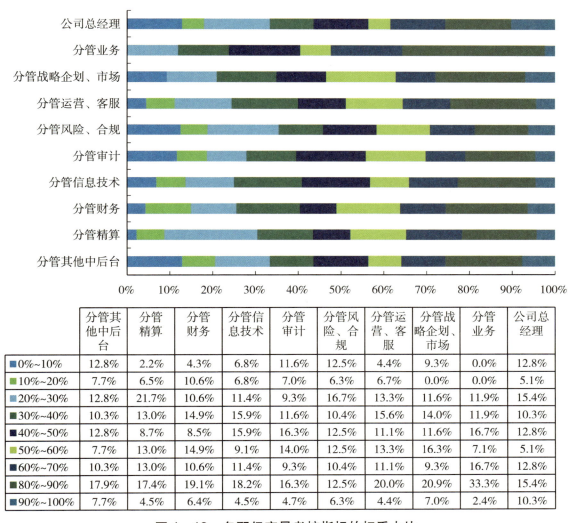

	分管其他中后台	分管精算	分管财务	分管信息技术	分管审计	分管风险、合规	分管运营、客服	分管战略企划、市场	分管业务	公司总经理
■0%～10%	12.8%	2.2%	4.3%	6.8%	11.6%	12.5%	4.4%	9.3%	0.0%	12.8%
■10%～20%	7.7%	6.5%	10.6%	6.8%	7.0%	6.3%	6.7%	0.0%	0.0%	5.1%
■20%～30%	12.8%	21.7%	10.6%	11.4%	9.3%	16.7%	13.3%	11.6%	11.9%	15.4%
■30%～40%	10.3%	13.0%	14.9%	15.9%	11.6%	10.4%	15.6%	14.0%	11.9%	10.3%
■40%～50%	12.8%	8.7%	8.5%	15.9%	16.3%	12.5%	11.1%	11.6%	16.7%	12.8%
■50%～60%	7.7%	13.0%	14.9%	9.1%	14.0%	12.5%	13.3%	16.3%	7.1%	5.1%
■60%～70%	10.3%	13.0%	10.6%	11.4%	9.3%	10.4%	11.1%	9.3%	16.7%	12.8%
■80%～90%	17.9%	17.4%	19.1%	18.2%	16.3%	12.5%	20.0%	20.9%	33.3%	15.4%
■90%～100%	7.7%	4.5%	6.4%	4.5%	4.7%	6.3%	4.4%	7.0%	2.4%	10.3%

图4－13　各职级定量考核指标的权重占比

4.4.2.3 高管个人绩效考核等级

从高管个人考核等级看，约60%的公司高管绩效考核等级不强制分布，40%的公司高管绩效考核等级强制分布；从绩效考核等级的数量来说，分为以下五种情况，其中设置5个考核等级的公司占比最高56.7%，5个以上的占比20.0%，高管个人绩效考核等级情况详见表4 – 18。

表 4 – 18　　　　　　　　高管个人绩效考核等级情况　　　　　　　　单位：%

类型	绩效等级数量占比
2 个	2.2
3 个	7.8
4 个	13.3
5 个	56.7
5 个以上	20.0

4.4.3　薪酬激励

4.4.3.1　年度奖金方案

从行业总体来看，62%的公司高管年度奖金方案为"直接核定个人奖金，以目标奖金形式为主计算""目标奖金及奖金包分配相结合""首先核定班子团队总奖金包，再分配至班子个人"各为10%左右的公司，其他高管奖金方案包括："总公司裁量决定，无公式""高管目标奖金 + 专项激励"等。高管年度奖金方案占比详见表4 – 19。

表 4 – 19　　　　　　　　高管年度奖金方案占比　　　　　　　　单位：%

类型	年度奖金方案占比
直接核定个人奖金，以目标奖金形式为主计算	62.0
目标奖金及奖金包分配相结合	12.0
首先核定班子团队总奖金包，再分配至班子个人	10.9
直接核定个人奖金，无公式，总公司裁量决定	4.3
直接核定个人奖金，目标奖金 + 专项奖励	3.3
其他	7.5

4.4.3.2 奖金系数

从公司绩效对应的奖金系数上限看，奖金系数以 1.5 为线，奖金系数设定为 1.5 及以上的公司占比，行业总体为 45.00%，财产险公司为 42.31%，人身险公司为 40.74%，大型公司为 50.00%，中小型公司为 44.65%。公司绩效对应的奖金系数上限情况详见图 4 - 14。

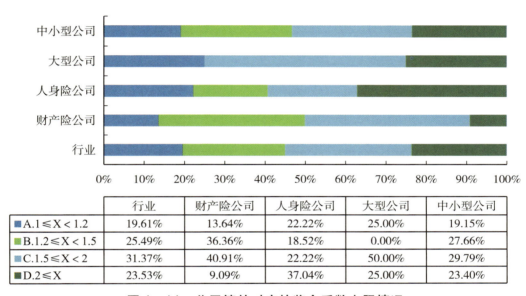

	行业	财产险公司	人身险公司	大型公司	中小型公司
A.1≤X<1.2	19.61%	13.64%	22.22%	25.00%	19.15%
B.1.2≤X<1.5	25.49%	36.36%	18.52%	0.00%	27.66%
C.1.5≤X<2	31.37%	40.91%	22.22%	50.00%	29.79%
D.2≤X	23.53%	9.09%	37.04%	25.00%	23.40%

图 4 - 14 公司绩效对应的奖金系数上限情况

从公司绩效对应的奖金系数下限看，超过 50% 以上的公司奖金系数下限为 0，即公司绩效表现不佳时对应公司奖金部分不发放。公司绩效对应的奖金系数下限情况详见图 4 - 15。

4.4.3.4 薪酬追索扣回

2021 年 1 月，银保监会印发了《关于建立完善银行保险机构绩效薪酬追索扣回机制的指导意见》，本次调研显示，约 35% 的参与调研公司已执行过绩效薪酬追索扣回，参与执行绩效薪酬追索扣回工作的部门包括人力资源部 98.6%、法律合规部 60.9%、财务部 50.7%。绩效薪酬追索扣回参与部门情况详见图 4 - 16。

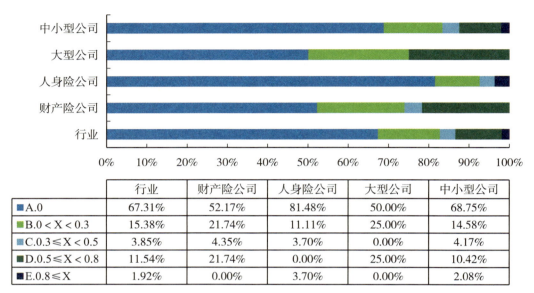

	行业	财产险公司	人身险公司	大型公司	中小型公司
■A.0	67.31%	52.17%	81.48%	50.00%	68.75%
■B.0 < X < 0.3	15.38%	21.74%	11.11%	25.00%	14.58%
■C.0.3 ≤ X < 0.5	3.85%	4.35%	3.70%	0.00%	4.17%
■D.0.5 ≤ X < 0.8	11.54%	21.74%	0.00%	25.00%	10.42%
■E.0.8 ≤ X	1.92%	0.00%	3.70%	0.00%	2.08%

图 4 – 15　公司绩效对应的奖金系数下限情况

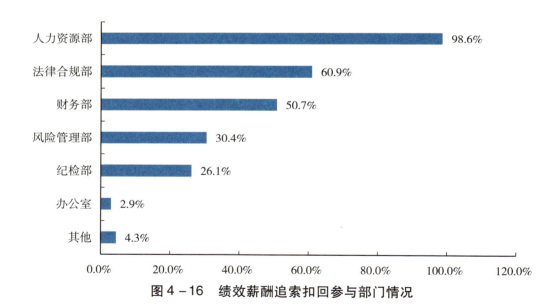

图 4 – 16　绩效薪酬追索扣回参与部门情况

第 4.5 节 地方保险行业协会人力资源现状分析

本节主要通过参与调研的省级、直辖市和计划单列市保险行业协会的组织架构、人员队伍、薪酬福利情况、主要人员来源和工作开展情况等，展示地方保险行业协会人力资源现状。

4.5.1 组织架构设置

4.5.1.1 会员情况

从会员单位数量来看，平均值为 126 家、25 分位值为 72 家、50 分位值为 101 家、75 分位值为 137 家。

从会员单位性质来看，其会员主要为辖内财产险公司、人身险公司、专业中介机构、市（州）保险行业协会及其他机构，占比分别为 21.3%、22.3%、49.3%、6.0%、1.1%。

4.5.1.2 组织架构

从地方保险行业协会的治理架构来看，设有协会会员大会的占比为 95%，设有协会理事会的占比为 95%，设有专业委员会的占比为 95%，设有协会常务理事会的占比为 50%，设有协会监事会的占比为 65%。

从地方保险行业协会的组织层级来看，组织层级均为 4、5 层，占比分别为 45%、55%。

从地方保险行业协会的部门设置来看，设置 3 个部门的占比为 10%，设置 4 个部门的占比为 5%，设置 5 个部门的占比为 35%，设置 6 个部门的占比为 20%，设置 7 个部门占比为 25%，设置 8 个部门的占比为 5%。

4.5.2 人员队伍情况

从地方保险行业协会总体来看，大专及以下学历员工占比为 22.3%，本科学历员工占比为 64.8%，硕士研究生学历员工占比为 12.9%；从各条线来看，硕士研究生学历员工占比最高的是核心层管理者和人身险部。地方保险行业协会人员学历结构详见图 4 – 17。

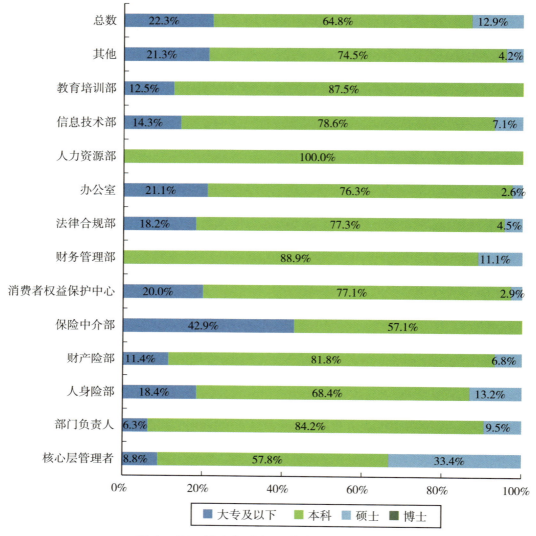

图 4 – 17　地方保险行业协会人员学历结构

从地方保险行业协会总体来看，25 岁及以下员工占比为 1.0％，26 ~ 35 岁员工占比为 28.5％，36 ~ 45 岁员工占比为 41.4％，46 岁以上员工占比为 29.1％。地方保险行业协会人员年龄结构详见图 4 – 18。

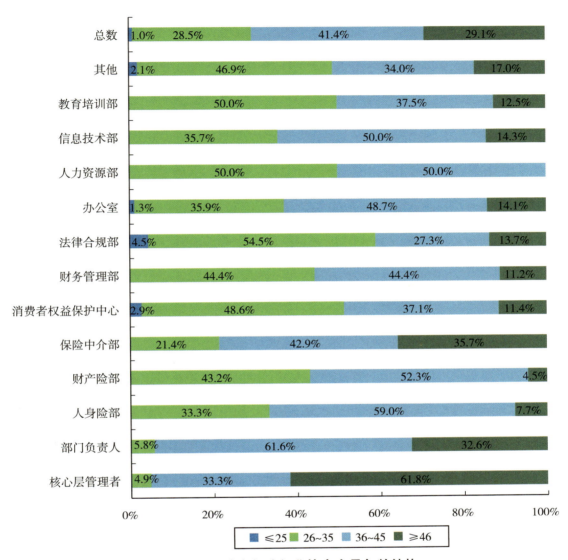

图 4 - 18　地方保险行业协会人员年龄结构

　　从地方保险行业协会总体来看，女性员工占比为 51.3%；从各条线来看，消费者权益保护中心、教育培训部、财务管理部、人力资源部中绝大多数为女性员工；核心层管理者、财险部、信息技术部中男性员工占比更高。地方保险行业协会人员性别结构详见图 4 - 19。

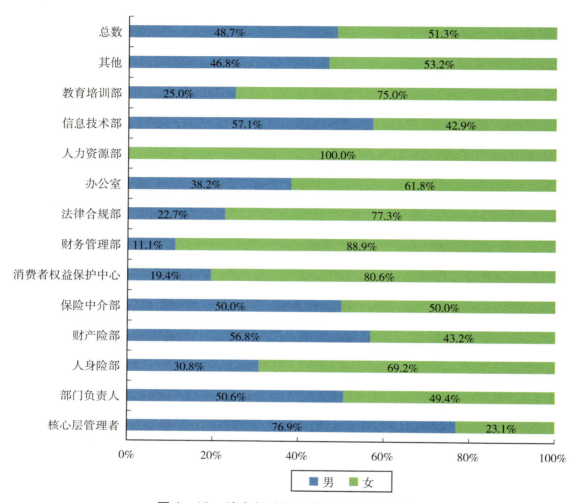

图 4 - 19　地方保险行业协会人员性别结构

4.5.3　薪酬福利情况

从地方保险行业协会薪酬调整周期来看，每年调薪的占比为 30%，每两年调薪的占比为 5%，薪酬调整周期为三年及以上的占比为 15%，其余多为"领导根据实际情况调整""实际情况与会员大会意见"的方式调薪。

从地方保险行业协会调薪率来看，L5 职级平均调薪率最高为 11.60%。地方保险行业协会调薪率按职级情况详见图 4 - 20。

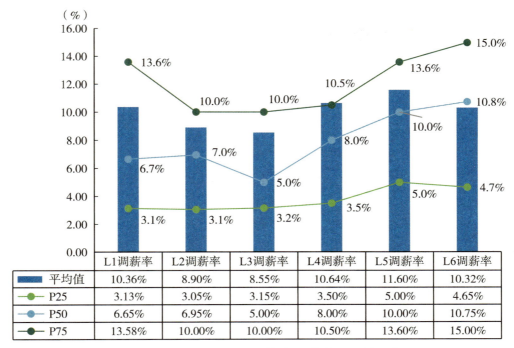

	L1调薪率	L2调薪率	L3调薪率	L4调薪率	L5调薪率	L6调薪率
平均值	10.36%	8.90%	8.55%	10.64%	11.60%	10.32%
P25	3.13%	3.05%	3.15%	3.50%	5.00%	4.65%
P50	6.65%	6.95%	5.00%	8.00%	10.00%	10.75%
P75	13.58%	10.00%	10.00%	10.50%	13.60%	15.00%

图 4 -20　地方保险行业协会调薪率——按职级

4.5.4　主要人员来源

地方保险行业协会员工来自社会招聘的占比为 43.5% ，来自会员单位派驻的占比为 17.4% ，来自监管部门派驻的占比为 26.1% ，会员单位聘任占比为 10.8% ，其他（退休返聘）占比为 2.2% 。地方保险行业协会人才来源详见图 4 -21 。

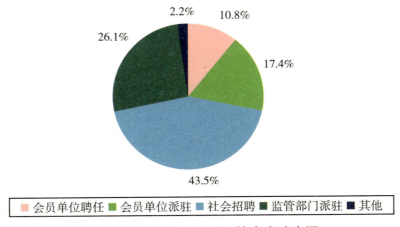

图 4 -21　地方保险行业协会人才来源

4.5.5　主要工作开展情况

从地方保险行业协会日常主要工作来看，根据《保险法》和协会章程规定，地方保险行业协会主要职责为自律和服务，还涵盖了保险消费者维权服务和会员单位交流等职责。

从地方保险行业协会出版刊物来看，"已经有自己单独出版的刊物或者保险行业相关的杂志"的占比为 55%；"尚未有独立出版的相关书籍或刊物"的占比为 45%。

4.5.6　其他相关情况

保险类社团一般为保险行业协会、保险学会和保险中介协会。由于保险类社团的特殊性，从办公地点来看，"独立办公"和"与本地保险学会合署办公"占比最高，分别为 50% 和 45%；"保险协会、保险学会和保险中介协会合署办公"占比均为 5%。

从合署办公的地方保险行业协会的薪酬管理方式来看，"对合署办公的协会和保险学会的薪酬进行统一的核算和发放"的占比为 22.2%；"协会与其他保险类社团分别核算发放"的占比为 77.8%。

后 记

2021年是中国保险业协会组织《中国保险行业人力资源报告》编撰工作的第七年。本期报告在延续前期整体风格的基础上，以丰富的行业调研数据、翔实的典型企业案例，补充完善了当年行业人力资源领域重点关注的议题和政策，立足行业视角，真实而全面地反映了行业整体人力资源管理的实践情况和发展趋势。

《2021年中国保险行业人力资源报告》在调研设计、数据分析和编撰修订的过程中都得到了中国银保监会、各会员单位、行业人力资源专家及广大从业者的支持与帮助。在此，我们要特别感谢中国银保监会对于本次调研的指导；感谢积极参与本次报告案例访谈的6家保险公司：美亚财产保险有限公司、大家人寿保险股份有限公司、富德生命人寿保险股份有限公司、友邦人寿保险有限公司、中宏人寿保险有限公司、信泰人寿保险股份有限公司；感谢参与本次数据调研的140家保险机构及地方协会和参与线上问卷调研的212526名保险行业从业者；感谢为本书编撰修订提出专业意见的高校学者及行业人力资源管理、教育培训等专家：中央财经大学陶存文教授，北京工商大学王绪瑾教授，中国太平洋保险（集团）股份有限公司党委副书记、党委组织部部长季正荣，中国太平洋保险（集团）股份有限公司集团党委组织部副部长、人力资源部总经理席志民，大家保险集团副总经理李欣，中国人寿保险（集团）公司党委组织部部长、人力资源部总经理王自然，中国再保险（集团）股份有限公司党委委员、副总裁、董事会秘书、联席公司秘书兼党委组织部部长、人力资源部总经理朱晓云，泰康保险集团股份有限公司执行副总裁兼首席人力资源官苗力，新华人寿保险股份有限公司党委组织部部长、人力资源部总经理兼新华党校副校长刘智勇，中邮人寿保险股份有限公司人力资源部总经理、党委组织部部长马骏。另外，感谢上海恺讯企业管理咨询有限公司资深合伙人孟楠，其保险行业团队负责人刘远梦及团队成员黄恺骅、文哂倩、于昊元付出的辛勤劳动；感谢中国保险行业协会教育培训部龚贵仙、陈晓庆、万鑫、王雅楠、艾丽雅等同志在报告的调研、组织编撰过程中作出的大量工作；感谢经济科学出版社的领导和编辑老师们在编审和校对工作中的大力支持！

2021 年是我国"十四五"规划的开局之年,也是保险业构建新发展格局的起步之年,保险业始终把服务经济社会和民生建设作为自身发展的根本目的。在后疫情时代背景下,保险业仍然不断推动技术变革和科技创新,调整传统营销体系,深化车险综改,监管治理持续收紧、趋严,方方面面均充分体现了保险业的责任与担当。当下保险业虽面临整体增速放缓、险企基本面疲弱的压力,加之疫情给社会经济带来的不确定性,但路虽远,行则必至;事虽难,做则必成。坚信保险业在监管部门的正确指导下,在全体保险人的共同努力下,坚定改革信念,推动产业重构,定能走出一条高质量发展之路。

感谢各保险公司、研究机构和行业工作者对于《中国保险行业人力资源报告》的喜爱,也希望广大读者朋友们能够继续提出宝贵意见,及时指正书中的疏漏与不足,帮助我们在未来的工作中继续完善。

再次感谢大家的阅读!

免责声明

　　《2021 年中国保险行业人力资源报告》（以下简称"本书"）的知识产权归属中国保险行业协会（以下简称"保险业协会"）所有，本书并无附带任何形式的明示的或暗示的保证，包括但不限于任何关于本书的适用性以及适合做某一特定用途的保证。

　　本书内容仅供业内外人士学习、交流、研究使用，不得用于商业或其他用途。本书名称或原文不得在拒保、拒赔时作为依据向客户、法院或仲裁、调解机构援引或者误导，否则，由此引起的一切法律后果及不良影响由使用者自行承担，保险业协会概不承担任何责任。

　　本声明未尽事宜以保险业协会官网最新公告相关法律法规为准。

　　特此声明！

中国保险行业协会

2022 年 7 月